KB192736

# 함께 하는 고려인 이야기

Истории корё сарам живущих среди нас

함께 하는 고려인 이야기
Истории корё сарам живущих среди нас

2024년 10월 20일  초판 인쇄
2024년 10월 25일  초판 발행

기획 조남철 | 지은이 임영상·김승력·정막래
옮긴이 이율리야 | 번역감수 채예진 | 편집 김수진
펴낸이 김준일 | 펴낸곳 (재)아시아발전재단
주소 06747 서울시 서초구 양재천로 131, 2층(양재동)
전화 02-355-9811(대표) | 팩스 02-355-9810
이메일 asiadf@asiadf.org | 홈페이지 www.asiadf.org

제작 북코리아
    13209 경기도 성남시 중원구 사기막골로45번길 14, A-1007
    T. 02-704-7840 | F. 02-704-7848
    ibookorea@naver.com | www.북코리아.kr

ISBN 979-11-90098-07-6 (03330)
값 20,000원

ADF 총서 3

# 함께 하는 고려인 이야기

## Истории корё сарам живущих среди нас

임영상·김승력·정막래 지음

Им Ён Сан, Ким Сын Рёк и Чжон Мак Лэ

이율리야 옮김

Перевод Юлии Ли

ADF 아시아발전재단 북코리아

# 『함께 하는 고려인 이야기』를 펴내며

    법무부 출입국 통계에 따르면 2024년 8월 현재 국내 체류자 중 고려인 동포는 10만 8천 명이 넘는다. 11만 명의 고려인 동포들이 한국사회에서 한국인과 함께 살아가고 있는 것이다. 이 자리에서 굳이 고려인 동포들의 뼈아픈 지난 시간을 되돌아볼 생각은 없지만, 그들이 우리 근대사의 가장 큰 고통이며 상처라는 사실은 누구도 부정할 수 없을 것이다. 19세기 말 국력이 쇠약했던 조선인으로 태어나, 살기 위해 낯선 남의 땅으로 건너갔고, 그곳에서 곤궁한 삶을 이어가면서도 조선을 잊지 않고 일제의 식민지배에 맞서 독립을 위해 자신이 가진 귀한 것들을 서슴없이 내어준 이들이 바로 고려인, 고려 사람인 것이다. 특히 1937년의 연해주 강제이주는 우리 근대사의 가장 뼈아픈 상처일 것이다.

    그러나 고려인들에 대한 한국사회의 이해는 빈약하다 못해 무지한 수준이다. 그들이 겪은 고통스러운 삶의 구체적인 내용에 대해서 모든 이들이 알 수는 없겠지만, 적어도 그들이 어떤 존재들이고 우리 근대사에서 어떤 의미를 지닌 존재인지에 대해서는 알아야 할 것이다. 우리가 늘 자랑스럽게 생각하는 안중근 의사의 이토 히로부미 저격사건이 연해주의 고려인 독립운동가 최재형의 도움과 지원으로 가능했다는 사실을 알고 있는 한국인이 과연 얼마나 될까에 대해서는 회의적이다. 한국에 와 있는 11만여 명의 고려인과 함께 전 세계에 흩어져 있는 50만 명의 고려인들은 우리 사회가 누구보다 먼저 부둥켜안을 귀하고 고마운 동포들인 것이다. 그런 이유로 아시아발전재단(ADF)은 고려인 동포들에 대한 한국인의 이해를 돕고 고려인 동포들이 한국에서 살아갈 때 작은 도움이라도 될 수 있는 책, 그런 책을 발간하고 싶었다. 그것이 이번 ADF 총서 3권의 발간 목적이다.

세 번째 ADF 총서로 『함께 하는 고려인 이야기』를 펴낸다. 지난 두 권의 총서에서 한국에 거주하는 외국인 결혼 이민자, 이주 노동자, 동포 이주자들을 다뤘고 많은 이들이 관심을 보였다. 감사하고 고마운 일이다. 총 3부로 구성된 이번 총서 3권은, 1부는 고려인을 중심으로 한 그들의 지난 역사를, 2부는 한국에서 살아가는 고려인들이 겪게 되는 의료·보험·법률적 문제들에 대한 구체적인 상담사례를, 그리고 3부는 한국에서 생활하기 위한 기초 생활 한국어를 다루고 있다.

우리가 잊고 있었던 고려인 이주의 역사를 많은 한국인들이 알고, 그들을 이해하는 계기가 되기를 바라고, 더 나아가 한국에서 새로운 삶을 시작하는 고려인 동포들에게 조그마한 도움을 주었으면 하는 것이 이번 총서 출간의 속뜻이다. 이를 위해 각 부분의 집필을 맡아주신 ADF 자문위원이기도 한 임영상 한국외국어대학교 명예교수, 고려인센터 미르의 김승력 대표, 정막래 전 계명대학교 교수에게 이 자리를 빌려 감사의 뜻을 전한다. 더불어 러시아어 번역을 맡아주신 이율리야 님, 번역감수를 맡아주신 채예진 고려인글로벌네트워크(KGN) 이사장께도 특별한 고마움을 전하고 싶다. 부디 이 작은 책이 한국사회에서 고려인 동포들에 대한 이해를 돕고, 그들의 삶을 위한 자그마한 등대의 역할을 하길 기대한다.

조남철
아시아발전재단 상임이사, 전 한국방송통신대학교 총장

# Публикуя «Истории корё сарам живущих среди нас»

Согласно иммиграционной статистике Министерства юстиции, по состоянию на август 2024 года количество русскоязычных корейцев, проживающих в Корее, превысило 108 тысяч человек. 110 000 соотечественников живут среди местных корейцев в корейском сообществе. У меня нет намерений оглядываться назад на болезненное прошлое наших соотечественников, но никто не может отрицать тот факт, что они являются величайшей болью и раной в нашей современной истории. Рожденные в XIX веке в период Чосон, когда государственная власть в стране было слабой, они были вынуждены уехать на чужбину. Несмотря на трудности и нищету, в которой им пришлось жить, они не забывали о своей родине и ради освобождения Кореи от японского колониального правления жертвовали всем, что имели. И эти люди — корёины, корё сарам. А вынужденное переселение из Приморья в 1937 году стало, пожалуй, самой болезненной вехой в нашей современной истории.

Однако, до сих пор понимание корейским обществом русскоязычных соотечественников недостаточно и временами находится на уровне невежества. Не каждый знаком с подробностями пережитых невзгод, но я думаю, что мы должны хотя бы знать, кто эти люди и какое значение они имеют в нашей современной истории. Я думаю, что мало кто из жителей Кореи знает, что убийство Ито Хиробуми Ан Джун Гыном, которым мы всегда гордимся, стало возможным только благодаря помощи и поддержке Чхве Джэ Хёна, активиста в борьбе за независимость в Приморском крае. 500 000 корё сарам, разбросанных по всему миру, а также 110 000 корё сарам в Корее являются нашими дорогими соотечественниками, которых корейское общество должно принять в первую очередь. По этой причине Азиатский фонд развития (ADF) хотел бы опубликовать книгу, которая поможет корейцам понять соотечественников с постсоветского пространства и окажет хотя бы небольшую помощь корё сарам, живущим в настоящее время в Корее. Именно в этом и заключается цель публикации третьей части этой серии книг ADF.

«Истории корё сарам живущих среди нас» публикуется как третий том серии книг ADF. В последних двух томах мы говорили об иностранных брачных иммигрантах, рабочих-мигрантах и иммигрантах-соотечественниках, живущих в Корее после чего многие проявили интерес к данной теме. Мы благодарны и признательны за это. Три тома данной серии книг из трех частей включают 1) прошлую историю корё сарам; 2) конкретные случаи помощи по медицинским, страховым и юридическим вопросам, с которыми столкнулись корё сарам, живущие в Корее; а также 3) базовый корейский для жизни в Корее. Цель публикации этой серии — познакомить большинство корейцев с забытой нами историей миграции русскоязычных корейцев, а также оказать небольшую помощь нашим соотечественникам, начинающим новую жизнь в Корее. В связи с этим хотелось бы воспользоваться возможностью и выразить благодарность почетному профессору Университета иностранных языков Хангук, Им Ён Сану, который одновременно является членом консультативного комитета ADF, ответственному за написание каждой части; генеральному директору Центра поддержки корё сарам «Мир» Ким Сын Рёку и бывшему профессору Университета Кемён Чжон Мак Лэ. Кроме того, я хотел бы выразить особую благодарность Юлии Ли за перевод на русский язык и Евгении Цхай, президенту Koryoin Global Network, за редактирование. Мы надеемся, что эта книга послужит небольшим маяком, проливающим свет для лучшего понимания русскоязычных соотечественников местным сообществом, а также будет полезным пособием для самих корё сарам, живущих в Корее.

Чо Нам Чхоль
исполнительный директор Азиатского фонда развития
экс-ректор Корейского университета журналистики

# 목차

> **I**    함께 읽는 고려인의 역사
>      Читаем вместе историю корё сарам

## III 고려인을 위한 한국어
## Корейский язык для корё сарам

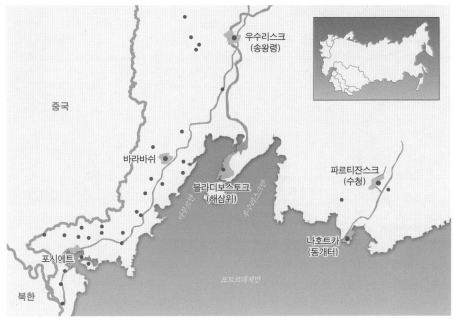

러시아 연해주의 한인 정착촌 (출처: 한국외국어대학교)
Корейские поселения в Приморье России (Источник: Университет иностранных языков Хангук)

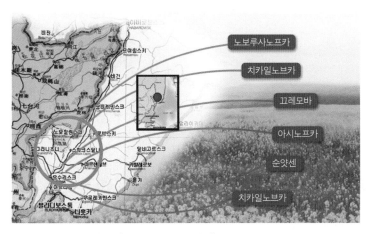

우수리스크 고려인 정착촌 (출처: 동북아평화연대)
Поселения корё сарам в Уссурийске (Источник: «Движение за мир
Северо-Восточной Азии»)

15

1937년 강제이주한 고려인
총 3만 6,442가구 약 17만 1,781명
이주 및 정착 과정 중 사망(추정)
9,000~2만 5,000명

우수리스크, 라즈돌노예 기차역
1937년 9월 9일 고려인
강제이주 열차 첫 출발

크라스노야르스크

쿠스타나이

카라간다

이르쿠르츠

치타

하바롭스크

크질오르다

우슈토베

우수리스크

타슈켄트

블라디보스토크

사마르칸트

우슈토베역
1937년 10월 9일 고려인
첫 하차, 초기 정착지

고려인 강제이주 경로 (출처: 한국외국어대학교)

Маршрут вынужденной миграции корё сарам (Источник: Университет иностранных языков Хангук)

고려인의 '통일' 염원 유라시아 자동차 대장정 (출처: 동북아평화연대)

Стремление корё сарам к «объединению»: автомобильное путешествие по Евразии (Источник: «Движение за мир Северо-Восточной Азии»)

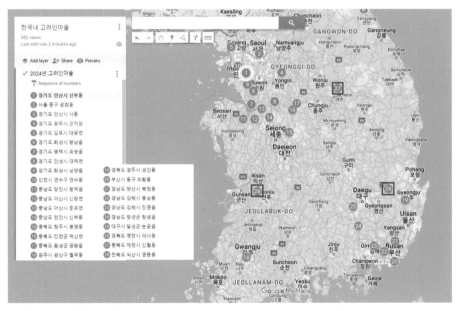

한국 내 고려인마을. 붉은 선은 조성 중인 지역 (출처: 코리안리서치센터)

Деревни корё сарам в Корее. Красная линия: строящиеся районы (Источник: Корейский исследовательский центр)

# 블라디보스토크와 우수리스크의 한민족 문화유산
## Корейское культурное наследие Владивостока и Уссурийска

발해의 옛땅이자 55만 고려인의 고향인 연해주는 우리가 꼭 한번 찾아야 하
는 역사의 현장이다. 두만강 건너 크라스키노(연추), 나홋카와 가까운 파르
티잔스크 등도 방문하면 좋은 곳이다. 블라디보스토크와 우수리스크 탐방
에서 찾는 한민족의 문화유산을 사진을 통해 살펴본다.

Приморский край, древняя земля Пархэ и родина 550 000 корё
сарам — это историческое место, которое нужно посетить хотя
бы один раз. Краскино (Ёнчху) за рекой Туманной и Партизанск,
недалеко от Находки, также являются рекомендуемыми местами
для посещения. Давайте взглянем на культурное наследие
корейского народа, изучая Владивосток и Уссурийск через
фотографии.

## ● 블라디보스토크 Владивосток

블라디보스토크 한민족역사유적지 (출처: 주블라디보스토크 한국총영사관)
● 구유적지 ● 신유적지 ● 주요 관광지

Корейские исторические памятники Владивостока (Источник: Генеральное консульство Кореи во Владивостоке) ● старые исторические объекты ● новые исторические объекты ● основные туристические объекты

러시아 한인 이주 150주년 기념비
(출처: 주블라디보스토크 한국총영사관)
Памятник 150-летию иммиграции корейцев
в Россию (Источник: Генеральное консульство
Кореи во Владивостоке)

신한촌 기념비 앞 행사
(출처: 주블라디보스토크 한국총영사관)
Мероприятие перед памятником Синханчхон
(Источник: Генеральное консульство Кореи во
Владивостоке)

조명희 문학비와 설명석
(출처: 주블라디보스토크
한국총영사관)
Литературный памятник
Чо Мён Хи (Источник:
Генеральное консульство
Кореи во Владивостоке)

이동휘와 무명 독립운동가
기념비 (출처: 주블라디보스토크
한국총영사관)
Памятник Ли Дон Хви и
неизвестному борцу за
независимость (Источник:
Генеральное консульство
Кореи во Владивостоке)

극동연방대 세계 최초
한국문학과 설립 120주년 기념
동판 (출처: 주블라디보스토크
한국총영사관)
Мемориальная доска из
меди в честь 120-летия
со дня создания первой
в мире кафедры
корейской литературы
Дальневосточного
федерального университета
(Источник: Генеральное
консульство Кореи во
Владивостоке)

## ● 우수리스크 Уссурийск

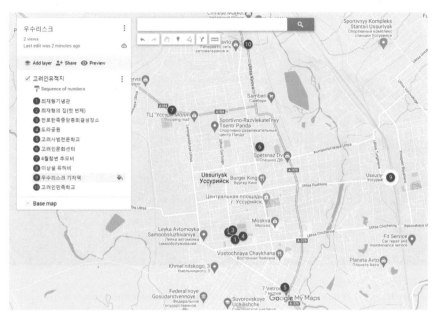

우수리스크 고려인 유적지 (출처: 독립운동가 최재형기념사업회)

Исторические места корё сарам в Уссурийске (Источник: Мемориальное общество активиста независимости Чхве Джэ Хёна)

우수리스크 전로한족중앙총회장 (출처: 국립민속박물관)

Конференционный зал Центральной Генеральной ассамблеи Уссурийска Чонро Ханджон (Источник: Национальный фольклорный музей)

우수리스크 최재형 고택 (출처: 국립민속박물관)
Старый дом Чхве Джэ Хёна в Уссурийске (Источник: Национальный фольклорный музей)

최재형기념관으로 바뀐 고택 조감도 (출처: 독립운동가 최재형기념사업회)
Вид с высоты птичьего полета на дом, превращенный в Мемориальный зал Чхве Джэ Хёна (Источник: Мемориальное общество активиста независимости Чхве Джэ Хёна)

우수리스크 고려인문화센터 (출처: 독립운동가 최재형기념사업회)
Корейский культурный центр в Уссурийске (Источник: Мемориальное общество активиста независимости Чхве Джэ Хёна)

최재형 고려인 민족학교 (출처: 독립운동가 최재형기념사업회)
Корейская народная школа имени Чхве Джэ Хёна (Источник: Мемориальное общество активиста независимости Чхве Джэ Хёна)

# 한민족의 전통을 지켜온 고려인의 생활문화

Культура жизни корё сарам, сохранивших традиции корейского народа

고려인들은 돌잔치와 결혼, 환갑 등 즐거운 날에도, 슬픈 날에도 상을 차렸다. 반드시 쌀로 만든 찰떠기(찰떡)와 침페니(증편)를 비롯해 베고자(찐 만두)와 단 과자인 가듀리 등을 준비했다. 찰떠기와 뜨비(두부), 땨이(된장), 띠로이(간장), 순대 등 시간이 오래 걸리는 음식은 주문해 먹기도 했다. 겨울에는 갸자이(보신탕)를 먹고, 여름에는 찬 국시(잔치국수)와 베고자(찐 고기만두)를 많이 먹었다. 고려인이 개발한 당근 채는 중앙아시아를 넘어 구소련 전역에 퍼졌다.

Корё сарам накрывают стол в счастливые дни, торжества по случаю первого дня рождения, свадьбы, 60-летия и т. д., а также в печальные дни. Обязательно готовят лепешки на основе риса, такие как чальттоги (клейкий рисовый пирог) и чимпени (чынпён), а также пегодя (пельмени на пару) и сладкую закуску кадюри. Также заказывают блюда, на приготовление которых требуется много времени, такие как чальттоги (клейкий рисовый пирог), тыби (тофу), тяй (соевая паста), тирой (соевый соус), сундэ и т. д. Зимой употребляли кядя (посинтан), а летом холодный кукси (праздничная лапша) и пегодя (пельмени на пару). Салат из моркови, придуманный корейцами, распространился за пределы Центральной Азии по всему бывшему Советскому Союзу.

1920년대 중후반경 소비에트 사회주의 체제가 확립되면서 '미신 숭배'로 간주했던 설날과 단오, 추석 행사가 다시 살아난 것은 페레스트로이카가 진행된 1989년 전후부터이다. 고려인 동포들에게 가장 중요한 세시풍속 의례인 한식(寒食)은 소비에트 시기에도 변함없이 지켜졌다. 세대 간의 돌봄 문화가 특별했던 고려인은 러시아로 부모님의 날(Родительский День)인 한식(양력으로 4월 5일)이 되면 먼저 선친들의 묘소를 찾는다. 안산 고려인마을에서도 2016년부터 한식 행사를 하고 있다.

В конце 1920-х годов, с установлением советского социалистического режима, традиционные праздники, такие как Новый год по лунному календарю, Тано и Чусок, которые считались проявлением «суеверного поклонения», были вновь признаны только в период перестройки, примерно с 1989 года. Однако, традиция празднования Хансик, который является важным для корё сарам праздником, сохранялась в советский период без изменений. Корейцы, известные своей культурой заботы о старших, в день Хансик (5 апреля по григорианскому календарю) непременно посещают могилы предков. В Ансане, где проживает многочисленное число русскоязычных корейцев, мероприятие Хансик проводится с 2016 года.

첫돌 (출처: 채예진)
Годик (Источник: Чхэ Е Джин)

결혼식 (출처: 국립민속박물관)
Свадьба (Источник: Национальный фольклорный музей)

환갑 (출처: 국립민속박물관)
Шестидесятилетие (Источник: Национальный фольклорный музей)

한식 (출처: 채예진)
Хансик (Источник: Чхэ Е Джин)

# I

## 함께
## 읽는
## 고려인의
## 역사

Читаем вместе
историю корё сарам

왜 러시아와 우크라이나, 그리고 중앙아시아(우즈베키스탄, 카자흐스탄, 키르기스스탄, 투르크메니스탄, 타지키스탄) 등 구소련에 사는 한인(韓人, Korean) 동포를 '고려인(고려 사람)'이라고 부르는가? 160년 전 살길을 찾아, 또 강탈당한 국권을 찾기 위해 러시아 연해주로 건너간 고려인은 어떻게 살았나? 5천 년 한민족사의 최대 비극인 1937년 중앙아시아 강제이주를 당한 고려인은 어떻게 살았나?

1991년 소련 해체 이후, 고려인은 다시 재이주의 길을 떠나야 했다. 왜 러시아 연해주로, 또 대한민국으로 '귀환'하고 있는가? 한국어를 상실한 고려인의 '한국살이'에는 어떤 어려움이 있는가? 코리안(Korean)이지만, 코리아(Korea)에서 어떻게 '코리안 드림'을 이루어갈 것인가?

Почему корейцев, проживающих в странах бывшего Советского Союза, таких как Россия, Украина и Центральная Азия (Узбекистан, Казахстан, Кыргызстан, Туркменистан, Таджикистан), называют «корё сарам»? Как жили русскоязыные корейцы, переселившиеся в Приморский край России 160 лет назад в поисках способа выжить и в надежде вернуть утраченный национальный суверенитет? Как жили корё сарам после принудительного переселения в Среднюю Азию в 1937 году, что стало величайшей трагедией за 5000 лет корейской истории?

Почему после распада Советского Союза в 1991 году корейцы «возвращаются» в Приморский край России и в Республику Корея? Какие трудности возникают у корё сарам, вернувшихся на «родину предков», но утерявших корейский язык, живя в Корее? Как корё сарам, будучи «корейцами» по происхождению смогут ли они осуществить свою «корейскую мечту» в Корее?

# 1 러시아 연해주 이주와 정착

- 연해주의 한인 정착촌들
- 연해주 한인의 의병, 항일투쟁
- 새 삶터에 정착하고 벼 재배에 성공한 한인들
- 연해주 한인의 교육
- 연해주 한인의 언론
- 연해주 한인의 문화예술
- 연해주의 한글문학

한민족과 러시아인 간의 최초의 만남은 17세기 중엽 청나라의 요청으로 파견된 조선군과 러시아군이 충돌한 2회(1654, 1658)의 나선정벌(羅禪征伐)이다. 그러나 한민족이 두만강을 건너 새 삶터를 찾아 연해주로 이주하기 시작한 것은 19세기 중엽부터이다. 연해주 지역은 CIS 한민족 이주개척의 출발점이자 고려인의 '고향'이다.

연해주는 한국의 고대국가인 발해(698~926)의 영토였다. 이후 차례로 중국의 금(金), 명(明), 청(淸)에 속했다가 1860년 러시아와 청 사이에 북경조약이 체결되면서 러시아 영토가 되었다. 조선왕조(朝鮮王朝) 시기인 1860년대 초반부터 살길을 찾아 두만강을 건너, 또 배를 타고 동해를 통해 러시아 연해주로 건너간 한인들. 러일전쟁(1904~1905)이 끝난 직후인 1905년 일제의 강압에 의한 을사늑약〔乙巳勒約, 늑약(勒約)은 '억지로 맺은 조약'이라는 뜻〕과 1910년 한일합방을 거치면서 나라를 구하고 일제와 싸우기 위해 러시아로 들어간 한인들이 언제, 어떤 이유로 조선 사람(조선인)이 아닌 고려 사람(고려인)의 정체성을 갖게 되었는가? 1937년 중앙아시아 강제이주 전까지의 연해주 고려인의 역사를 7개의 주제로 정리해본다.

# 연해주의 한인 정착촌들

　　두만강을 건넌 한민족은 지신허 마을 13가구 60명을 시작으로 연추 등 포시에트지구, 우수리스크 및 추풍사사(秋風四社)인 시넬니코보·푸칠로브카(육성촌)·코르사코프카·크로우노프카 등 주변 수이푼(추풍) 지역, 블라디보스토크, 파르티잔스크(수청) 지역으로 퍼져나갔다. 1869년에는 766가구로 늘어났고 1920년 이후에는 18만 명이 넘는 한인들이 러시아 극동지역에 살았다. 또한, 1871~1872년에는 러시아 정부의 지원 아래 지신허와 연추의 한인 103가구 431명이 아무르주 사마르 강가로 재이주, 블라고슬로벤노예(사만리) 마을에 정착하기도 했다.

## 최초의 정착 마을 지신허(티진헤)

　　지신허(티진헤) 마을은 연해주 한인 정착촌의 첫 장을 열어놓은 곳이다. 러시아 측 문헌에 1863년부터 조선 북부의 농민 13가구가 러시아 당국의 허가를 받고 정착하기 시작했다고 기록되어 있다. 역사학자이자 독립운동가였던 계봉우는 "단기 4197년(1864) 갑자(甲子) 봄에 최운보와 양응범이 두만강을 건너 지신허에 내주(來住)하여 개척을 시작하니, 이는 '콜롬버스'의 신대륙 발견에 견줄 만하다"는 평을 독립신문(『獨

〈발해를 꿈꾸며〉 노래를 부른 '대한민국 음악인 서태지'가 헌정한 지신허 마을 옛터 기념비
(2004. 6. 12)

立新聞』, 1920. 3. 4, 제49호, 「俄領實記」 제1호)에 기고하기도 했다. 2004년
6월, 지신허 마을에 K팝의 원조로 평가받는 서태지가 기념비를 헌정
했다.

## 구개척리와 신한촌(신개척리)

한인들은 1870년대부터 블라디보스토크에 모여들기 시작해 1891
년에는 840여 명에 이르렀다. 한인이 늘어나자, 1893년 블라디보스토
크 시정부는 포크라니치나야 거리 1번지로부터 둔덕마퇴라고 부르던
아무르만에 접해 있는 남쪽 언덕과 웅덩마퇴라고 하던 아래 저지대를
한인의 집단구역으로 설정해 '카레이스키 스카야', 즉 '고려인 거리(한

인거리)'로 도로명을 정했다. 한인들이 구(舊)개척리라 부른 한인거리는 신채호, 장지연, 이강, 홍범도, 유인석 등 국내외 저명한 독립운동가들의 활동무대가 되었다. 2015년 8월 15일 러시아 한인 이주 150년 기념비가 세워졌다.

한편, 러시아 정부는 1911년 5월 콜레라 예방을 이유로 구개척리 한인 마을을 폐쇄, 한인들은 아무르만이 내려다보이는 시 외곽으로 이주해야 했다. '신개척리', 즉 신한촌(新韓村)은 최초의 코리아타운으로 연해주 한인의 중심이자 해외로 망명한 독립운동가들이 모이는 국외 독립운동의 구심점이 되었다. 1914년 러시아 이주(1864~1914) 50주년 행사를 준비하던 한인사회의 노력이 제1차 세계대전 발발로 무산되고 한인들의 항일운동은 일본을 의식한 제정러시아의 압박을 받았다. 1917년 러시아혁명과 뒤이은 내전(1917~1922) 시기 일제의 시베리아 파병, 1920년 '4월 참변', 1921년 '자유시 참변'으로 항일 민족운동의 중심지는 북간도로 옮겨졌다. 1988년 8월 15일 해외한민족연구소가 신한촌 입구에 신한촌 기념비를 세웠으며, 오늘날 연해주 한인의 각종 행사 및 연해주를 찾는 한국인의 발길이 이어지는 역사적인 명소가 되었다.

# 연해주 한인의 의병, 항일투쟁

한반도를 떠나 러시아 연해주 땅으로 들어간 한인들은 이주와 정착 과정에서 한인들만의 공동체인 한인 정착촌을 만들어 새 삶터를 만들어갔다. 고난의 연속인 이주민의 삶이었지만, 1905년 을사늑약 이후 항일의병과 국권회복운동, 그리고 러시아 내전기 빨치산투쟁에서 혁혁한 공을 세웠다.

## 연해주 의병부대를 조직한 고려인의 '페치카' 최재형

1869년 9살의 나이로 가족과 함께 지신허 마을로 이주한 최재형은 러시아 상선 선장 부부의 후원 아래 학교 교육을 받고 러시아 시민권도 얻었다. 그는 1895년 거주 한인들의 압도적인 지지 속에 러시아 정부로부터 안치혜(연추, 현재의 크라스키노) 도헌(읍장)에 임명되었으며, 1899년 의화단 사건과 러일전쟁을 계기로 큰 부를 축적하면서 한인에게 교육의 필요성을 역설하고 학교를 세우고 장학금을 주어 상급학교에서 공부하도록 하는 등 고려인의 페치카(난로)로 동포사회를 도왔다.

러일전쟁에서 일본이 승리하고 을사늑약 체결로 조선이 일본의 보호국이 되었다는 것은 러시아 국적인 최재형에게도 큰 충격이었다. 일본에 망명 중인 박영효의 초청으로 1905년 말 일본을 다녀온 최재형은 국권회복운동에 적극적으로 나섰다. 1906년 초 간도관리사로 러일전쟁에 참전했던 이범윤이 연추에 와서 최재형을 찾았을 때, 최재형은 이범윤과 그 일행에 대한 적극적인 지원을 아끼지 않았다. 마침내 최재형과 이범윤은 연추에서 의병부대를 조직했다. 연추를 중심으로 포시에트 일대는 연해주 의병운동의 중심이 되었다.

## 연해주 의병의 국내 진공과 최재형의 안중근 후원

1907년 네덜란드 헤이그 밀사 사건과 관련하여 고종이 강제 퇴위를 당하자 국외에서 의병을 창설하기 위해 안중근은 블라디보스토크로 넘어왔다. 또 헤이그 밀사 이상설, 이위종, 제천에서 활동했던 의병장 유인석 등도 국권회복과 의병운동 기지 건설을 위해 블라디보스토크로 집결했다.

1908년 4월 연추의 최재형 집에서 결성된 항일의병 조직인 동의회(同義會)의 총장에 최재형, 부총장에 이범윤, 회장에 이위종, 부회장에 엄인섭, 서기에 백규삼이 선임되었다. 1908년 5월 10일자 『해조신문』 별보(別報)에 동의회 결성의 목적을 명기한 취지서가 게재되었다. 최재형은 군자금 모금 및 무기 구매에서도 중요한 역할을 했다. 군납업을 하고 있었기 때문이다.

연해주 한인 정착촌들은 의병 활동의 중심기지였는데, 마침내 1908년 7월 7일 연해주 의병 300여 명이 포병사령관 정경무, 우영장 안중근, 좌영장 엄인섭 등의 지휘하에 두만강 연안 신아산 부근 홍의동을 공격했다. 그러나 승승장구하던 연해주 의병은 1908년 7월 19일 회령

영산에서 일본군에게 패배하며 전환점을 맞았다. 이후 최재형과 이범윤 부대는 간도와 훈춘, 그리고 일부는 러시아 연해주로 이동했다.

1908년 최재형 의병부대를 이끌고 두만강을 건너 국내 진공작전에 참여한 우영장(右營將) 안중근은 일본 군대와 전투를 벌이다 퇴각했다. 그 후 안중근은 1909년 3월 연추 근처에서 뜻있는 동지들을 모아 왼손 약지를 잘라 혈서로 맹세한 소위 '단지동맹(斷指同盟)'을 결성하여 조선 독립을 위해 목숨을 바치겠다는 결사단을 구성했다. 단지동맹이 결성된 장소는 바로 '최재형의 창고'였으며, 이토 히로부미(伊藤博文) 암살 모의를 위한 조직 또한 1909년 10월 10일 최재형이 사장인 대동공보사 사무실에서 이루어졌다. 최재형의 다섯째 딸 최올가도 안중근이 거사를 앞두고 최재형의 집에서 인물 표적을 그려놓고 사격연습을 했음은 물론, 거사 후 안중근의 두 아내와 아이들을 자신의 집에서 돌보아 주었다고 증언했다. 또 최재형은 안중근의 재판에 러시아 변호사를 지원하기도 했다. 1909년 10월 26일 하얼빈역에서 이토 히로부미를 살해한 안중근은 "코레아 우라! 코레아 우라!" 즉, 러시아말로 만세(우라)를 외치며 연해주에서 활약했던 의병대장이었다.

한편, 러시아 한인사회는 1910년 2월 미국 샌프란시스코에서 설립된 대한인국민회(大韓人國民會)와도 밀접하게 연관되어 있었다. 국민회는 이상설과 정재관을 국민회의 전권특파원으로 연해주와 만주 지역에 파견했다. 블라디보스토크에 본부를 두고 러시아 원동지역에 총 33개 지부를 설치한 국민회는 우수리 지방 산업발전을 위한 토지매입 및 개발 등 경제활동을 전개했다. 일부 지부는 부대를 조직해 항일운동에도 나섰으나 러시아 정부의 견제로 합법적 활동이 불가능해졌다.

## 13도의군과 성명회, 그리고 권업회

1910년 6월 개별적으로 활동하던 이범윤, 유인석, 홍범도 부대들은 블라디보스토크에 모여 의병부대를 하나로 통합한 군사조직인 13도의군을 결성했다. 도총재(都總裁)로 추대된 유인석은 고종이 연해주로 망명하여 망명정부를 수립할 것을 상소하기도 했다. 그러나 8월 외신을 통해 한일합방 소식을 들은 연해주 한인들은 한민학교에서 한인대회를 열어 성명회(聲鳴會)를 조직하고, 각국 정부에 '병합 무효'를 선언하는 전문과 '성명회 선언서'를 보내기로 결의했다.

이상설이 작성하고 대표로 추대된 유인석이 보완해 완성한 선언서에 유인석, 이범윤, 이상설, 정재관, 이남기, 김학만, 김만섭, 유진률 등 의병 및 애국계몽 운동가와 현지 한인사회 지도자 등 총 8,624명이 서명했다. 이에 일본은 러시아에 강력히 항의하면서 성명회 주요 인물의 체포와 인도를 요구했다. 이상설, 이범윤 등은 체포되어 이르쿠츠크로 유배당하고, 유인석, 홍범도, 이종호 등은 피신해서 화를 면했다. 결국, 성명회는 9월 11일 해산되고 말았다.

1910년 8월 29일 한일합방 후 국내의 의병과 애국지사들의 '망명 이주'가 줄을 이었다. 연해주 한인사회는 북간도의 용정과 함께 항일독립 무장투쟁의 중심지가 되었다. 러시아와 일본의 견제가 심해지자 연해주 한인사회는 동포들의 권익과 조국독립을 위해 합법적인 공간을 최대한 활용하는 점진적인 방법을 선택했다. 바로 권업회(勸業會) 활동이다. 1911년 5월 블라디보스토크에서 창립총회를 개최한 권업회는 초대 회장에 최재형, 부회장에 홍범도를 선임했으며, 대외적인 활동을 원활하게 하려고 러시아 당국의 공인을 받았다. 중앙본부는 신한촌에 두었으며, 하바롭스크를 비롯한 주요 도시에 지회(支會)와 분사무소(分事

務所)를 두었고, 회원은 남녀·신앙·교육의 구별 없이 21세 이상의 성인이면 누구나 가입할 수 있었다.

한인에게 '실업을 장려한다'는 뜻의 권업회였지만, 진정한 목적은 어디까지나 강력한 항일운동의 전개에 있었다. 효과적인 활동을 전개하기 위해 『권업신문』을 발간했는데, 연해주 한인의 대변지로서 항일민족정신을 높이는 데 큰 역할을 했다. 권업회는 민족교육뿐만 아니라 독립군 양성사업을 진행해 북간도에서 사관학교를 개설·운영하기도 했다. 그러나 1914년 제1차 세계대전이 발발하자 일제와의 관계 악화를 우려한 러시아 당국에 의해 권업회는 1914년 8월 강제 해산되었다.


## 대한국민의회와 3·1운동, 한인 파르티잔(빨치산) 투쟁

권업회의 해산으로 한인들의 항일운동이 위축되었으나, 1917년 러시아혁명이 발발하면서 한인들의 정치적 운신 폭이 확대되었다. 그러나 한인사회는 러시아 국적을 취득한 원호인(原戶人)과 그렇지 않은 여호인(餘戶人) 사이에 케렌스키 임시정부와 볼셰비키 소비에트를 지지할지를 두고 극심한 대립이 벌어졌다. 결국, 러시아 한인사회는 1918년 1월 전러한족중앙총회로 통합되었고, 1919년 2월 우수리스크에서 개최된 제2차 회의에서 북간도 한인을 포함하는 대한국민의회(大韓國民議會)로 확대되었다. 대한국민의회는 3월 17일 블라디보스토크에서 서울에서 전달받은 독립선언서를 발표하면서 공식 출범했다. (1919년 4월에 결성된 상해임시정부, 한성임시정부와 교류하면서 1919년 9월 상해임시정부로 통합되었다. 상해임시정부 내각의 재무총장에 최재형이 이름을 올렸다.)

1919년 서울에서 시작된 3·1운동은 북간도(용정)의 3·13운동, 연

1920년 3월 1일 신한촌에 세워진 독립문과 태극기　　1923년 우수리스크에 세워진 고려독립선언기념문
(출처: 박환)　　　　　　　　　　　　　　　　　　(출처: 광주 월곡고려인문화관 '결')

해주의 3·17운동으로 해외로 확산했다. 계엄령 상태의 블라디보스토크에서는 3월 15일 거행하려던 시위운동이 러시아 및 영문 선언서 작성의 지연, 러시아 당국의 시위 불허 등으로 잠시 보류되었다. 3월 17일 아침 먼저 니콜리스크-우수리스크에서 상당수의 한인이 모여 독립선언서를 발표하고 시위운동을 전개했다. 블라디보스토크에서는 오후 4시 일본총영사관에 러시아어와 한글로 쓴 독립선언서를 전달하고, 오후 5시 신한촌 한인들의 집에 태극기를 게양했다. 오후 6시부터 한인 학생들이 자동차에 나누어 타고 태극기를 흔들며 시내를 누볐다. 1920년 3월 1일 블라디보스토크 신한촌에서는 독립문(목조)이 세워지고 국기가 게양된 가운데 3·1운동 기념식이 거행되었다. 우수리스크에서도 매년 3·1운동 기념식을 개최하는 등 러시아 한인사회는 3·1정신을 이어 나갔다.

　한편, 1917년 10월 볼셰비키의 러시아혁명 직후부터 러시아는 볼셰비키 적군과 볼셰비키 정권을 인정하지 않는 반혁명 세력인 백군 간의 내전(1918~1922)에 휩싸이게 되었다. 러시아혁명 정부가 독일과의 전쟁을 일방적으로 종결하자(1918) 볼셰비키에 반대하는 연합군은 백군을 지원하면서 러시아 내전에 간섭하게 되었다. 1918년 4월, 일본군이 간섭군(干涉軍)으로 블라디보스토크에 들어온 이후 미국, 영국, 프랑스 등의 군대들도 들어왔다.

최초의 한인 여성 공산주의자인 김알렉산드라는 한인사회당의 일원으로 하바롭스크 볼셰비키의 당서기 및 재무를 담당하고 있었다. 그녀는 1918년 9월, 하바롭스크에 쳐들어온 백군을 피해 '바론 코르프'호를 타고 아무르강을 거슬러 몸을 피하다 체포되어 9월 16일 일명 '죽음의 골짜기'에서 무참히 살해당했다. 백군의 기세에 밀려 블라디보스토크, 하바롭스크가 백군에 함락되자 백군과 일본군에 대항하는 한인 빨치산부대의 투쟁이 시작되었다. 한창걸, 김경천 등이 이끈 한인 빨치산부대들은 극동지역 탈환과 해방전투에 참전하여 눈부신 활약을 펼쳤는데, 올가항 전투(1921. 11), 이만 전투(1921. 12), 볼로차예프카 전투(1922. 2)를 통해 극동지역 탈환을 위한 발판을 마련하기도 했다.

1920년 3월 5일 하바롭스크 북동부의 니콜라예프스크 항구(니항)에서 참패한 일본군은 4월 4~5일 한인 빨치산부대에 대한 보복으로 블라디보스토크 신한촌을 기습하여 수많은 한인을 학살하는 만행을 저질렀다. 한인들의 집거지인 연해주 제2의 도시 우수리스크에서도 일본군의 만행이 저질러졌는데, 이 과정에서 최재형도 체포되어 총살을 당했다. 해마다 4월 5일 우수리스크 고려인문화센터에서는 한국 정부의 후원 아래 러시아 정부와 고려인사회가 4월 참변 추모행사를 공동으로 개최하고 있다.

봉오동 전투(1920. 6)의 영웅 홍범도는 청산리대첩(1920. 10) 후 간도 토벌대와 전투를 치르면서 자유시로 이동했다. 그러나 러시아 적군의 배신과 한인 부대 간의 내분으로 무장해제까지 당하는 자유시 참변(1921. 6)을 겪었다. 이후 한인사회의 무장독립운동은 중국 북간도로 넘어갔다.

I. 함께 읽는 고려인의 역사

# 새 삶터에 정착하고 벼 재배에 성공한 한인들

　　연해주 고려인의 삶은 변하고 있었다. 1894년 영국의 지리학자 이사벨라 버드 비숍은 연추(안치혜)에 있는 최재형의 서양식 가옥과 한인 마을을 방문했다. 그녀는 러시아 연해주를 방문한 후 "러시아에서 만난 조선인들은 부지런하고 활력에 차 있고, 위생적이고 깨끗한 서양식 집에서 근대교육을 받고, 러시아 정교를 믿고 있었다"라고 언급했다. 여기서 그녀는 "조선인들도 여건만 바뀌면 근면하고 검소해 부를 축적하

『한국과 그 이웃 나라들』 원서(좌)와 번역본(우) 표지

고 근대적 산업국가로 발전할 수 있을 것이다"라고 조선인의 미래에 긍정적인 견해를 갖게 되었다.

러시아 당국은 조선에서 이주해 오는 한인들이 새로운 토지를 개척하고 향후 러시아 주민과 주둔군의 식량 공급을 위한 값싼 노동력이 될 것으로 보았다. 그래서 군대 비축량과 예비비에서 이주민들에게 필요한 식량과 자금을 제공했다. 1870년대에 남우수리 지방의 허허벌판에 한인을 이주시킨 조치가 실효를 거두었음이 곧 드러났다. 과거 주둔군 부대의 귀리와 보리 전량을 중국 훈춘에서 매입했는데, 얼마 지나지 않아 훈춘으로부터 수입이 필요 없게 되었다. 오히려 과잉생산으로 가격이 하락하기도 했다.

한편, 러시아 국적을 취득한 부유한 한인 농민들은 산업과 무역, 주택건설 등에 투자했다. 1910년 포시에트지구에만 부유한 상인이 80명, 도자기 공장주가 8명, 소금 공장주가 15명에 이르렀다. 한인 중에서 부유한 특권층 중에는 산업체와 상업회사를 소유한 기관의 하청업자들도 있었다. 이들은 관청과 개인에게 자재, 식료품, 노동력 등을 공급했다. 1917년 무렵 이러한 한인들이 블라디보스토크에만 59명, 니콜스크-우수리스크에는 17명이나 되었다. 한인들의 상업 활동이 많은 이윤을 가져다주었지만, 한인들의 주된 업종은 아직은 역시 농업이었다.

한인들은 특유의 근면성으로 농업 분야에서 자타가 공인하는 성과들을 일구어냈다. 러시아인들은 "한인들은 타고난 농사꾼들로 농사를 지을 수 없어 보이는 곳에서도 채소밭을 일구고 귀리와 수수를 재배하는 묘기를 부린다. 돌로 덮인 곳이나 산비탈, 늪지대, 심지어 타이가 등지도 한인들의 손을 거치면 옥토로 변한다"라고 감탄했다. 한인들이 주로 재배한 것은 일반적으로 수수, 콩, 옥수수, 귀리, 쌀 등이었고, 특히 수수, 쌀, 콩은 한인들이 극동지역에서 최초로 재배하기 시작한 작물이기도 하다.

특히 벼 재배의 보급은 러시아 경제에 큰 영향을 미칠 정도로 한인들의 농업에서 큰 성과를 거두었다. 사실 벼 재배 실험은 이전부터 계속됐었다. 1870년대 말 최초의 벼 재배 시도가 실패한 이후, 1905년 무렵부터 벼 재배 실험이 다시 활발해지기 시작했다. 그러나 벼 재배가 성공하기까지는 많은 실패와 끊임없는 반복이 필요했다.

함북 길주 태생의 신우경은 쌀 생산지인 북해도에서 종자를 들여와 소규모의 논을 개간하여 여러 해째 볍씨 연구에 열중해왔다. 마침내 1917년 이른 봄, 그는 간절한 소망을 담아 씨를 뿌렸다. 관개수로 없이 재배되는 방식이었는데, 볍씨가 싹을 틔우기 시작했다. 1단계는 성공을 거둔 것이다. 문제는 싹이 정상적으로 자라나는가였다. 모두의 열망을 담은 볍씨는 다행히 뿌리를 굳게 내리고, 토양에 적응해 나갔다. 병충해에도 강한 면역성을 가졌다. 튼실한 열매가 차오르기 시작했고, 마침내 10월 초 당국 관리들과 마을 사람들이 지켜보는 가운데 실험 벼의 추수가 개시되었다.

신우경에 의해 연해주의 어떤 기후에도 적응할 수 있는 품종 벼 재배의 길이 열렸다. 본격적으로 벼 재배가 시작된 곳은 그로데코보역 부근과 한카호수 주변 지역 등인데, 벼농사는 연해주를 벗어나 아무르강을 따라 아무르주 블라고베셴스크와 제야강 등 극동지역 전역으로 퍼졌다. 그 후 벼농사는 내전기 이후, 본격적인 소비에트 사회주의 체제가 가동되고, 집산화 정책과 더불어 광범위하게 퍼지기 시작했다. 한인들 내에서는 벼 재배 조합과 콜호스들이 조직되기 시작했다.

벼농사는 한인 콜호스에서 선구적인 역할을 했으며, 총생산 가치의 41.6%를, 전체 곡물 부분에서는 72.3%를 차지했다. 당국의 지원으로 벼 파종면적은 크게 확장되어서 1923년 7,978헥타르에서 1934년에

우수리스크 한인 마을에서 말을 이용하여 곡식을 연마하는 모습 (출처: 박환)

는 20,664헥타르까지 확대되었다. 한인들의 벼 재배 기술은 1937년 강제이주 이후 중앙아시아 한인 콜호스들에서 더 큰 성과로 나타났다. 특히 쌀 생산은 제2차 세계대전 시기 소련의 전쟁 수행과정에서 식량 지원에 큰 도움을 주었다.

# 연해주 한인의 교육

1917년 러시아혁명에 이은 내전이 종식(1922)된 이후 소비에트 체제가 들어선 1920~1930년대 연해주 고려인의 삶은 특별했다. 소련이 사회주의 정책의 하나로 소수민족에 대한 민족어 교육정책을 시행한 것이다. 그 결과 일제강점기를 살았던 그 어떤 조선인보다도 조선인답게 살았다. 모국어를 공용어로 배웠고, 모국어 문학을 쓰고 즐겼으며, 모국어 노래를 불렀다. 직접 발간한 모국어 신문을 읽었고, 모국어로 조국의 미래를 걱정했고, 조선의 해방운동을 도모했다. 물론 이 모든 것은 1937년 중앙아시아 강제이주로 끝나버렸지만, 그 이전까지 연해주 고려인은 조선의 민족문화를 러시아 땅에서 배우고, 즐기며, 발전시킬 수 있었다.

1920~1930년대 조선은 일제강점기였다. 조선에서의 모국어 교육이 통제되고 금지되던 시기였다. 그러나 소련에서는 조선어 교육이 적극적으로 권장되고 지원되었다. 조선어가 탄압받던 한반도 현실과 달리 소련에서는 조선어의 전통을 잇는 고려말이 잉태되고 발전했다.

한인 이주 초기부터 제정러시아는 한인들의 러시아화를 목적으로 관립학교를 운영했다. 한인 마을에 수도원과 교회가 건립되고, 러시아 국적을 얻으려는 한인들에게 세례가 행해졌으며, 교회학교가 운영되었다. 20세기 이전 시기까지 한인(민족) 교육은 러시아화 및 기독교화를 목적으로 한 러시아 정교회의 교구 소속 학교를 통해 주로 이루어졌다. 한학(漢學)을 가르치던 서당 등 한인 자체의 교육은 허용하지 않았다.

1905년 을사늑약으로 외교권을 빼앗긴 이후 국권 회복을 위해 많은 애국지사가 두만강을 건너 연해주와 연변으로 들어왔다. 특히, 연해주는 초기 독립운동의 중심지가 되었으며 민족교육에 변화가 일어났다. 블라디보스토크 한인 민회에서는 주민들의 의연금으로 계동학교, 세동학교, 신동학교를 각기 운영하다가 1909년 10월 이들 학교를 합병하여 새로이 한민학교를 출범시켰다. 1914년 3월 신한촌 민회가 권업회(勸業會)와 합쳐지자 권업회 교육부에서 한민학교를 맡게 되었다. 당시 한인자치기관의 임무를 수행했던 권업회에서는 각 지부를 통해 민족학교를 설립하고, 학교설립이 여의찮은 지역에는 야학을 설치했다.

한민학교에서는 민족정신을 고취하는 교육 내용 중 창가(唱歌)를 교육했다. 한민학교는 한인사회 모임의 중심지가 되었는데, 주로 한국의 독립과 부흥을 이루기 위한 연설회가 개최되었다. 안창호, 박용갑 등 민족의 대표들이 국권 회복에 관한 연설을 했으며, 경술국치일(8. 29)을 맞아 개최된 강연회에 많은 사람이 모였다. 연사들은 "경술국치는 불법이며, 국치, 민욕을 잊지 말자"라고 연설하여 항일정신을 고취했다.

1910년대 들어 많은 민족학교가 설립되고, 1920년대에는 교육뿐만 아니라 문화와 예술, 언론 분야에서도 민족적 중흥기를 맞이하게 되었다. 신한촌의 한민학교, 이포(리포허)의 명동학교는 대표적인 민족학교였다. 1924년에 설립된 블라디보스토크의 9년제 제8호모범한인중학교에는 학생 607명(교사 19명)이 재학했으며, 1925~1926학년도에 모든 고려인 학교들이 정부 예산으로 운영했다.

1920~1930년대 소비에트 연해주 고려인에게 '교육'이란 삶과 정신 영역에서의 '혁명'이었다. 우선 생존 문제의 해결이 시급했으나, 교

육은 고려인들에게 신세계로 들어가는 입장권과 다름이 아니었다. 고려인사회는 소비에트 교육에 힘입어 문맹에서 벗어났고, 현대 교육을 접할 수 있었다. 제2의 조국인 소비에트 러시아에서 당당한 공민으로 살아갈 수 있는 사회적 공감의 틀을 제공해준 것도 바로 '교육'이었다.

당시 소련 원동(遠東)에 산재한 고려인 학교는 지역 전체 학교의 8.5%를 차지했다. 극동 인구의 8%가 고려인이었다는 사실로 볼 때, 고려인 학교는 상대적으로 적은 수가 아니었다. 그러나 중등학교의 수가 터무니없이 적었다. 교원뿐만 아니라 고려어로 된 교과서도 많이 부족했고, 학교시설 또한 대체로 낡고 오래된 상태여서 운영 자체가 불가능한 곳도 많았다. 이런 열악한 상황에도 불구하고, 교육에 대한 의지는 강해졌다. 특히 고향으로 돌아가겠다는 생각을 접고 새로운 조국 소비에트 러시아에서 성공적인 삶을 살겠다는 고려인들의 갈망은 우선 러시아어를 배우겠다는 의지로 표출되었다. 고려인들은 러시아어 강좌를 고려인 학교 내에 개설해달라고 꾸준히 요청했다. 그러나 러시아어 교사를 확보하기가 쉽지 않았을 뿐 아니라, 1930년대 초반까지는 모국어인 고려어 교육이 더욱 강조되고 있었다.

고려인에 대한 모국어 교육정책은 궁극적으로 고려인 정체성 형성의 본질을 제공했다. 소련이 모국어 교육정책을 시행하지 않았다면 고려인들은 러시아어 교육시스템에 흡수되었을 것이고, '고려말'이라 칭할 수 있는 민족어의 흔적조차 찾기 어려웠을 것이다. 소비에트 민족정책은 소수민족의 모국어 교육 및 활용을 적극적으로 권장하고 법제화했다. 초등·중등·전문학교를 비롯해 대학에서도 고려어로 수업했다. 고려어로 쓰인 수백 종의 서적들도 출판되었다. 1936년 1월 소련 교육 인민위원회는 고려인 학교에서도 고려어뿐 아니라 러시아 언어와 문학도 가르칠 것을 결정했다. 그러나 러시아어 교사도 없는 고려인 학교에 대한 이러한 조치는 비현실적이었고, 더욱이 학생들조차 러시아어 수업을 이해할 수 없는 상태였다. 고려문학이든 러시아문학이든 전문교사외 교육자료 없이는 그 어떤 교육도 불가능했다.

고려인 교사 양성을 위한 교육이 시작되었다. 1923년에 한인 교사양성을 목적으로 우수리스크 러시아사범전문학교에 조선어과가 개설되어 21명의 한인 학생들이 공부를 시작했다. 1924년에는 자립적인 조선사범전문학교가 설립되어 러시아 중등학교 2학년 수준, 즉 7년제 과정을 이수한 학생들을 대상으로 신입생을 모집했다. 개교 당시에는 "고려국어, 지리, 역사" 과목만이 고려어 강의였고, 나머지 과목들은 러시아어로 수업했다. 1924년 가을, 고려과는 교육전문기관으로 정식 인가를 취득했다. 고려과 입학생 수가 점차 늘어나 1925~1926학년도에는 63명의 학생이 교육을 받았다. 고려과는 개교 3년 만인 1926년 7월에 처음으로 10여 명의 졸업생을 배출했다. 마침내 1927년 니콜스크-우수리스크 사범전문학교의 부설기관이었던 고려과가 '고려사범전문학교'로 독립되었다.

1931년에는 포시에트에도 사범전문학교가 개교했고, 블라디보스

우수리스크 고려사범전문학교

블라디보스토크 원동조선(고려)사범대학

I. 함께 읽는 고려인의 역사

토크에 '원동조선사범대학'까지 설립되었다. 첫 대학명은 '원동조선인 국제사범대학'으로 중국인 학생도 함께 모집했다. 그러나 1933~1934 학년도부터 중국인 학생을 공모하지 않았고, 1934~1935학년도부터 학교 이름이 '원동조선사범대학'으로 바뀌었다. 조선인 사범대학은 중등학교 교원 양성을 목적으로 창설되었는데, 『선봉』은 조선에 있는 '경성제국대학'과 원동조선사범대학을 비교하면서 경성제국대학은 '동경제국대학의 분교'라고 비판했다. 경성제국대학은 "일본 민족의 언어로써 교수하며, 조선인 대학생은 이 대학의 학생 총수의 18~19%뿐"이라는 근거를 제시했다. 당시로서는 유일한 조선인 대학이라고 주장할 만했다. 중국 연변에 설립된 연변대학은 1949년에 개교했다.

　　1935년 6월 30일 오후 7시 블라디보스토크의 '막심 고리키' 극장에서 원동조선사범대학 제1회 졸업식이 거행되었다. 졸업식에는 학생들 외에 연해주 및 블라디보스토크 당·소비에트 기관의 지도자들과 각 공장, 문화기관, 사회단체의 대표자들이 참석했다. 졸업식을 마친 후 블라디보스토크 조선인 극단은 축하공연으로 연극 〈동북선〉을 상연하기도 했다. 제1회 졸업생은 17명이었다. 그중 몇 사람만 제외하고 나머지는 이미 교원 경력을 가진 사람들이었다. 특히 빨치산 출신이 3명 있었고, 여학생은 단지 1명뿐이었다. 17명 중 7명은 '우등'으로, 나머지 10명은 '보통' 성적으로 졸업했다. 이들은 중등학교 또는 초급 중등학교로 파견되었는데, 고려어뿐 아니라 러시아어로도 수업할 수 있는 재원들이었다. 1936년 제2회 졸업생은 16명이었다. 이들 중 8명은 역사 교원, 8명은 수리와 물리 교원이었다. 두 차례의 졸업으로 33명의 교원이 배출되었다. 연해주에서 민족교육의 체계가 자리를 잡아갔다.

# 연해주 한인의 언론

    1908년 2월 26일 러시아 블라디보스토크 개척리에서 최초의 한글 신문 『해조신문』이 발간되었다. 『해조신문』은 "해삼위(블라디보스토크 한자 이름)에 사는 조선인들이 만든 신문"이라는 뜻이다. 신문은 일본으로부터 국권을 회복하고 동포를 돕는 목적으로 발행되었다. 사장은 최봉준, 발행과 편집인은 최만학과 듀코프, 주필은 정순만(1~5호)과 장지연(6~75호), 편집원은 이강이었다. 한글 일간지로 연해주는 물론 서울과 평양 등에도 보급소를 두었다. 신문에는 주로 국권 회복을 위한 민족의 단결과 의병 활동, 일본의 만행을 소개했다. 동포들의 계몽을 위해 교육과 풍속 등에 대해서도 다루었다.

    일제 통감부는 러시아 연해주에서 발행된 『해조신문』이 한반도로 보급되어 항일의식에 영향을 미치자 1907년 7월 제정된 신문지법을 수정해서 판매를 금지하고 압수했다. 사장 최봉준은 일본의 압력으로 사업이 어려워지자 1908년 5월 26일, 75호를 마지막으로 폐간했다. 『해조신문』이 문을 닫자, 한인들은 인쇄기 등 신문 시설을 넘겨받아 1908년 11월 『대동공보』를 발행했다. 사장은 차석보, 발행과 편집은 유진률, 주필은 이강과 정재관이었는데, 창간 후 어려움으로 잠시 문을 닫게 되자 1909년 3월부터 최재형이 운영을 맡았다. 신문은 러시아뿐만 아니라 한국, 중국, 미국, 멕시코, 영국, 일본 등지에도 발송되었는데 주 2회,

1,500부 정도를 발간했다. 신문에는 조국에 대한 소식을 보도했는데 특히 일본의 조선 침략에 대한 비판적 글을 많이 실었다.

1909년에는 조선통감 이토 히로부미가 중국 만주 하얼빈을 시찰한다는 정보를 『대동공보』로부터 듣게 된 안중근이 『대동공보』에서 이토 히로부미 암살을 계획하기도 했다. 1910년 한일합방이 되자 『대동공보』는 국민에게 일본에 피로써 투쟁할 것을 호소했다. 결국, 일본이 러시아 당국에 압력을 가하면서 1910년 『대동공보』도 문을 닫게 되었다. 『대동공보』가 폐간되자 한인들은 새로운 신문 발간을 준비해 1911년 6월에 『대양보』(큰 바다 소식)를 창간했다. 그러나 일본은 신문발행을 방해하기 위해 블라디보스토크 일본총영사관에서 양성한 밀정을 시켜 신문활자를 훔치자 『대양보』도 더는 신문을 발행할 수 없었다.

한인들은 『대양보』가 폐간되자 『권업신문』을 준비했다. 『권업신문』은 권업회의 기관지로 1912년 4월에 창간되었다. 1912년 치타에서도 『대한인정교보』 잡지가 창간되었다. 모두 항일적인 성격을 띠었다. 『권업신문』의 주필은 신채호와 이상설, 김하구, 장도빈 등이 맡았다. 일

| 해조신문 | 대동공보 | 권업신문 |

본은『권업신문』발행을 금지하기 위해 러시아를 압박했다.『권업신문』
도 1914년 9월 126호 간행을 마지막으로 폐간했다.

1923년 3월 1일『레닌기치』의 전신『선봉』신문이 연해주 당위원
회의 기관지로서 창간되었다. 창간 당시의 제호는『三月一日』이었으
나, 4호부터는『선봉』으로 명칭이 바뀌었다. 발행 부수가 3~4천 부에
달했다.『선봉』은 1929년 4월 발행기관이 '러시아공산당 원동변강위
원회와 직업동맹 원동변강쏘베트'로 바뀌면서 하바롭스크로 이전되었
다. 이후 1933년 다시 블라디보스토크로 건너와서 발간되던『선봉』은
1937년 9월 12일자 제1644호로 중단된 후 카자흐스탄 크즐오르다로
이전되었다.『선봉』의 기자와 임직원들은 강제이주 열차에 인쇄 도구를
싣고 떠났다. 1938년 5월 15일 카자흐스탄에서『레닌기치』로 제호를
바꾸어 발간했다.

조선과 소련 간 정보 소통의 메카였던 블라디보스토크 신한촌에
있었던『선봉』은 단순한 소식지가 아니었다. 고려인의 민족 정체성을
만들고, 유지하고, 발전시키는 사령탑이었다. 고려말 교육과 문화에 미

『선봉』에서『레닌기치』,『고려일보』로 제호가 바뀐 가장 오래된 해외 한인신문

　　　　　　　　　　　　　　I. 함께 읽는 고려인의 역사

친 영향도 절대적이었다. 『선봉』이 없었다면, 고려말을 중심으로 응집한 고려인 특유의 공동체 문화 발전은 불가능했을 것이다. 특히 고려인 문학 발전에 크게 이바지했다. 『선봉』 편집부는 '원동고려문단'의 실제 지도부였다. 문학작품을 직접 공모·심사했고, '독자문예'에 이어 '문예 페-지'라는 상설 지면을 만들어 고려인 문학작품을 꾸준히 소개했다. 그 덕분에 1920~1930년대 고려인은 조국이 아닌 타지에서 창작자와 독자로서 모국어 문학을 누릴 수 있었다. 더욱이 그 당시 조선인 작가들의 우상이 푸시킨, 톨스토이, 도스토옙스키, 체호프 등의 러시아 작가였고, 조선인문학은 일제에 의해 탄압받던 시대였다는 사실에서 고려인 소비에트 문학의 시대적 가치는 특별하다 할 수 있다.

# 연해주 한인의 문화예술

연해주 한인의 본격적인 공연예술 활동은 1923년 소비에트 정권이 수립된 이후였다. 1923년 소비에트연방이 성립되자 소비에트 정권은 소수민족을 사회주의 체제로 끌어들이기 위해 소수민족문화의 다양성을 인정하는 민족정책과 사회주의 이념을 전파하기 위한 선전 활동으로 예술을 이용했다. 1921~1922년 일제강점기 연해주 고려인 공연팀의 경성(서울) 공연은 구름처럼 관중을 몰면서 큰 인기를 끌기도 했다.

## 고려인 공연팀의 경성 공연

1921년 4월 29일 오후 8시 종로중앙청년회관에는 러시아에서 성장한 한인 학생들로 조직된 해삼위조선학생음악단의 방문공연을 보려는 사람들로 인산인해를 이뤘다. 이들의 표면적인 방문 목적은 계속되는 가뭄과 사회주의 혁명 이후 내전으로 어려워진 한인들을 돕기 위한 성금과 교당 건축기금 모금이었다. 이들은 15개 도시에서 대환영을 받으며 총 23회의 공연을 했다. 이들의 공연은 클래식 기악연주, 서양 민속춤(러시아, 스페인, 헝가리), 성악, 러시아 민속악기 연주 등 당시 한국사회에서는 볼 수 없었던 작품들로 서양 민속춤과 무도(왈츠)가 전국적으로 성행하는 시발점이었다.

연해주의 러시아한인예술단은 1921~1922년까지 2년간 세 차례에 걸쳐 내한했다.

① 1921년 해삼위조선학생음악단

    (4월 22일 해삼위 ~ 6월 4일 경성, 약 44일간)

② 1922년 해삼위천도교청년회연예단

    (4월 14일 원산 ~ 8월 10일 청진, 약 119일간)

③ 1922년 해삼위기독교학생음악단

    (7월 1일 해삼위 ~ 8월 9일 경성, 약 38일간)

1930년대 최승희, 배구자와 함께 신(新) 무용 3인방으로 불리던 조택원은 러시아 민속 춤인 고팍춤(Танец гопак)에 매료되어 해삼위조선학생음악단 단원이었던 박시몬에게 고팍춤을 배우며 춤에 입문했다. 박용구 원로비평가는 "해삼위조선학생음악단의 공연은 우리나라에 서양의 춤을 받아들일 수 있는 기반을 마련해준 사건이며 근대무용사에서 무도의 대중화에 큰 역할을 한 중요한 사건"이라고 강조하고 있다.

1922년 토월회 제3회 공연 '사랑과 죽음'에서 고팍춤을 추는 조택원(출처: 『연합뉴스』, 2012. 2. 7)

## 연해주 한인들의 공연예술 활동

1920~1930년대 사회주의국가 소련은 사회주의 체제의 정당성을 확립하기 위해 두 가지 큰 과제를 안고 있었다. 첫째는 소련 내의 여러 소수민족을 체제 안에 통합하는 것이었고, 둘째는 사회주의 이념을 국가통치 체제로서 일반인들에게 인식시키는 것이었다. 이를 위해 예술이라는 수단을 이용했고, 특히 관객들에게 파급효과가 큰 무대예술의 활성화에 경제적·정책적인 지원을 아끼지 않았다. 한인들은 소련의 인민으로서 예술단을 조직하고 사회주의 체제 내에서 제한적인 민족예술 활동을 할 수 있었다.

마을이나 집단농장에서 비(非)전문인들로 구성된 춤과 음악 중심의 소인예술단(素人藝術團)과 노동자청년극단을 조직하여 집단농장 내에서뿐만 아니라 다른 농장을 방문하는 순회공연의 형태로 음악과 춤, 연극 등 다양한 공연 활동을 펼쳤다. 이러한 노력이 열매를 맺어 1932년 9월에 원동변강고려극장이 탄생했다. 강제이주 직전은 연해주 한인 예술의 절정기로 한인들은 전소련 라디오방송축제, 원동변강민족예술 경연대회 등에 참가하여 공식적으로 예술성을 인정받을 수 있었다.

고려인으로 구성된 악단은 러시아혁명 이전 시기부터 연해주에서 활동한 '천도교관현악단' 외에도 각 지역 및 직종별로 다양한 소인악단이 등장했으며, 고려인 극단에는 반드시 악단과 가수, 작곡가(및 편곡가)가 있었다. 이들의 활동은 중앙아시아 이주 후에도 이어졌고, 고려인들이 있는 마을에는 소규모의 악단이 반드시 존재했다. 이들은 잔치에 분위기를 띄우기도 하지만 장례식 때 장례행렬을 인도해야 했다.

한인 공연예술의 특징은 소비에트 문화의 영향을 그대로 이어받아 소인예술단 공연 활동과 노동자청년극단활동에 기초하여 탄생한 원동변강고려극장의 연극공연 활동으로 정리할 수 있다. 특히 한인라디오 방송이 시작되면서 전통민요의 발굴과 창작의 물꼬를 텄다. 한인들에 의해 전승되는 민요 외에 새로운 내용의 노래들이 탄생했다.

## 연해주 한인라디오방송과 전소련 라디오방송축제

　19세기 말 과학기술의 발전으로 라디오와 영화가 등장하여 여가 활동의 폭이 넓어졌다. 소련은 사회주의 선전 활동을 위해 국가적으로 라디오와 영화 보급을 활성화했다. 1928년 소비에트당 간부 고려부(高麗部)에 라디오방송위원회가 조직되었고, 4월 8일(일) 연해주에 고려말 라디오 신문방송이 첫 방송을 시작했다. 한인라디오방송은 2주에 한 번씩 일요일 오후 6시부터 8시 30분까지 2시간 반 동안 고려말로 진행되었다. 사회주의 이념을 전파하기 위한 수단으로서 시작했지만, 러시아어를 모르는 한인들도 국제정세나 사회문제에 대해 알 수 있게 되고, 한인들의 음악적 재능과 고려어 노래를 소비에트 전역에 알릴 기회를 제공했다.

　1936년 3월 27일 모스크바에서 개최된 제1회 전소련 라디오방송 축제에 한인 작곡가이며 고려극장의 연출가인 연성용을 단장으로 세운 연해주 라디오방송위원회의 한인합창단이 참가했다. 합창단의 공연은 코민테른 라디오 중계소를 거쳐 소련 전역에 중계되었다. 한인합창단은 총 30명으로 다양한 직업을 가진 전문인과 비전문 음악인들이 고루 섞여 있었다. 이들은 3개월간 전통민요, 혁명가요, 현대 가요 등 35곡을 준비했다. 축제에서는 전통민요 〈날개타령〉, 〈산타령〉, 〈토끼 화상〉, 혁명가요 〈아침의 기상〉, 〈돌격 어선〉 등 다수의 곡을 선보였다. 전통민요는 전통악기 반주로, 현대 가요는 피아노 반주로 공연했다. 현대가요와 혁명가요의 절반 이상은 연성용의 작품이었다. 그리고 리니콜라이의 독창 〈노한파도〉는 참가자 중에서 최고점수로 예술성을 인정받았다.

## 노동자청년극단과 원동변강고려극장

소비에트 시절에는 사회주의 선전 활동의 한 형태로 노동자청년극단의 활동을 정책적으로 장려하여 활성화되었다. 현재 CIS 지역 한인들의 공연예술 메카인 고려극장도 노동자청년극단의 활동으로 시작했다. 1920년대 말부터 1930년대 초까지 몇 개의 노동자 또는 청년들이 주축이 되어 만든 연극 동아리들이 활발히 활동했다. 블라디보스토크 담배공장, 신한촌, 블라디보스토크 제8호모범한인중학교, 푸칠로브카 (육성촌) 마을의 농민청년학교, 니콜스크-우수리스크 사범학교의 연극 동아리들이 두각을 나타냈다.

블라디보스토크에서 창립된 고려노동자청년극단은 단장 염사일과 감독 연성용을 필두로 30명의 단원으로 구성되었고, 1932년 9월 9일 원동변강고려극장의 모태가 되었다. 1932년부터 1937년까지 고려극장은 극단으로서의 기틀이 형성되고, 민족적 연극의 각본이 탄생했다. 〈춘향전〉, 〈심청전〉 등 고전 작품의 무대화뿐 아니라, 사회의 부조리를 고발하는 사회주의 리얼리즘에 영향을 받은 작품들 〈장평동의 횃불〉, 〈동변 빨치산〉, 〈선도 상섭이〉 그리고 러시아 고전의 번안·각색극 등 다양한 시도들이 있었다. 연성용, 채영, 태장춘, 최길춘, 리함덕 등 고려극장의 예술성을 구축한 걸출한 연출가, 작가 그리고 배우들이 탄생했다.

## 소인예술단과 민족예술경연대회

사회주의 혁명 이후, 소련 사회에서는 비전문인 예술단체 즉, 소인예술단의 순회공연 활동이 활발했다. 소인예술단 활동이 활성화된 이유는 위정자들이 노동자들을 사회주의 인민으로서 교육하고 계몽하고 사회주의의 이상을 알리기 위해 공연예술을 이용했기 때문이다. 과거에는 귀족들만이 누릴 수 있었던 예술을 농민과 노동자들도 즐길 수 있고, 예술 활동에 적극적으로 참여하면서 사회적으로 평등함을 느낄 수 있었다. 그리고 축제, 예술경연대회, 시연회 등의 다양한 공연을 통해서 자신을 드러낼 기회를 얻고 이에 대한 국가적인 보상과 지원도 따랐다. 따라서 대중이 사회주의 시대를 맞아 소수민족으로서 자신들의 민속예술 활동에 참여하며 사회주의국가에 대한 소속감과 만족감을 느낄 수 있도록 유도했고 사회주의 체제로 통합하는 정치적인 의도가 있었다.

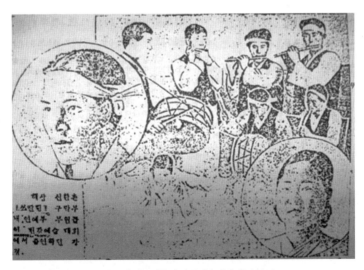

해삼 신한촌 스탈린 구락부 연예부원들의 변강예술대회 출연 광경
(출처: 『선봉』, 1936. 11. 12)

공연예술의 중요성이 주목받자 한인들은 공연예술 작품의 창작과 발굴에 힘을 기울였다. 1928~1929년 2년간에 걸쳐 세 차례의 고려인 예술경연대회를 개최하여 연극, 노래, 음악연주, 춤 등 새로운 작품들을 발굴했다. 『선봉』도 수시로 연극 각본과 노래 등을 공모했다. 이러한 한인들의 민족예술 활동에 대한 노력이 빛을 발한 곳이 민족예술경연대회였다. 1932년 8월에 모스크바에서 개최된 제1회 전연방 소인예술단 민족예술경연대회는 소비에트 전역에 대중을 위한 민족예술 공연이 활성화하고 발전하는 계기가 되었다.

# 연해주의 한글문학

주민의 90% 이상이 고려인이었던 연해주 포시에트 지역의 관청들은 고려말로 업무를 수행했다. 소련 정부는 고려인의 문맹퇴치를 위해 광범위한 캠페인과 함께 각 촌락에 센터를 개설해 성인들을 교육했다. 그래서 1930년대 초반 고려인 대부분이 문맹에서 벗어날 수 있었다. 반면, 그 당시 조선인 문해율은 고작 22%에 불과했다. 소련의 고려인들은 러시아어가 아닌 모국어로 읽고 쓰는 능력을 배웠고, 이는 조선어의 명맥을 타국에서 유지하게 하는 아이러니한 상황을 낳았다.

소비에트 고려인문학의 기본적인 내용과 틀은 이미 원동 고려문단 시절에 만들어졌는데, 창작자와 독자 모두 '고려어'로 소통하며 생활했던 고려인으로 한글 신문 『선봉』의 역할이 지대했다. 1928년부터 '문학'이라 부를 수 있는 작품들이 『선봉』 지면의 작은 구석에 소개되기 시작했다. 주로 기존 곡조에 새로운 가사를 입힌 노래나, 시의 형식을 소박하게 갖춘 '시'였다. 따라서 원동 고려문단의 형성에 있어 대표적인 공로자는 『선봉』과 『선봉』 편집부였다. 『선봉』은 소련공산당 기관지 역할도 했지만, 고려인사회의 소식과 정보를 연계하고 공유하는 매체 역할도 수행했다. 『선봉』에는 고려인 문학작품을 '공모'하는 광고 기사가 종종 실렸는데, 투고 작품들을 모으고 선정하여 게재하는 모든 작업은 『선봉』 편집부가 담당했다.

1928년 『선봉』 4월 1일자에 '문화혁명' 란, 4월 20일자에 '독자문예' 란이 개설되었다. '독자문예'의 첫 작품으로 두 편의 시가 소개되었다. 청인(靑人)이라는 작가가 쓴 「바다가에서」와 「봄은 오건만」이 그것이다. 두 편의 시 모두 정치적 선전과 무관해 보이는 낭만적인 내용을 담은 순수시였다. 「바다가에서」는 바다의 풍경을 그대로 시어로 옮겨 적어놓았고, 「봄은 오건만」은 앞으로 좋은 날이 오리라는 희망의 메시지를 담고 있었다. '바다'와 '봄' 모두 소련의 장대한 미래를 표현하는 것이었다.

원동 고려문단의 대표적인 작가는 1928년 당시 원동국립대학 노동학원 학생인 김준, 니콜스크-우수리스크 사범전문학교 학생인 전동혁, 1920~1930년대의 대표적인 고려인 작가이자 연출가인 연성룡, 장편소설 『홍범도』로 잘 알려진 김세일 등이다. 김준의 대표작은 '제2차 예술경쟁대회'에서 우등을 차지한 「새농촌」이다. 전동혁의 작품은 1928년에 나온 「봄」이다. 물론 여기서 '봄'이란 '사회주의'를 은유적으로 상징한 것이다. 연성룡의 작품은 「원향(遠響)」인데, 1928년 5월 17일자 『선봉』에 처음으로 소개되었다. 당시 그는 신한촌 제2호 9년제 학교에 재학 중이었다. 1930년 5월 '독자문예'의 '봄노래들' 기획전에 자신의 시를 소개하면서 고려인 문단에 입문한 김세일의 대표 시작은 「모커우(포시에트)어장에서」(1930. 7), 「호미를 들라」(1930. 8), 「뽀씨예트의 등대」(1930. 11) 등이다. 포시에트 구역은 김세일이 태어나고 자란 곳이었다.

연해주의 한글문학, 고려인문학은 1928년 7월에 블라디보스토크에 망명한 포석 조명희의 지도로 자리를 잡을 수 있었다. 포석 조명희는 『선봉』의 편집에 참여하면서 우수리스크(육성촌 농민청년학교, 우수리스크 고려사범전문학교)와 블라디보스토크(조선사범대학)에서 우리말과 문학을

I. 함께 읽는 고려인의 역사

가르쳐 고려인문학의 시조가 되었다. 그는 조선 프롤레타리아 예술가 동맹(KAPF) 출신으로 그의 작품 「짓밟힌 고려」가 『선봉』에 소개되었는데, 당시(1928. 11. 7) 블라디보스토크에 머물러 있던 그는 '조생'이라는 필명으로 시를 발표했다.

"일본제국주의의 무지한 발이 고려의 땅을 짓밟은지도 발서 오래이다./ 그놈들은 군대와 경찰과 법률과 감옥으로 온 고려의 땅을 얽어놓았다. 칭칭 얽어놓았다 — 온 고려대중의 입을 눈을 귀를 손과 발을. 그리고 그놈들은 공장과 상덤과 광산과 토디를 모조리 삼키며 노예와 노예의 떼를 몰아 채쭉질 아래에 피와 살을 사정없이 긁어먹는다. … 고려의 뿌로레타리아여! 그들에게는 오직 죽임과 죽음이 있을 뿐이다. 죽임과 죽음! 그러나 우리는 락심치 안는다. 우리의 힘을 믿기 때문에 — 우리의 뼈만 남은 주먹에는 원수를 꺽구려트리랴는 거룩한 싸홈의 일이 숨어있음을 믿기 때문에…."

선동적인 소비에트 서사시의 전형이 드러난다. 「짓밟힌 고려」가 나온 이후, 한인들 사이에서는 '조선 사람'보다 '고려 사람'이라는 칭호를 더 자주 사용하기 시작했다. 한민족이지만, 소비에트 사회주의 문화를 받아들이면서 고려인은 '소비에트 고려인'이 되었다.

포석 조명희는 한글신문 『선봉』 외에 잡지 『노력자의 조국』의 편집도 맡았는데, 1934년 소련작가동맹에 가입하고, 1935년 하바롭스크로 이주하여 소련 정부가 제공한 '작가의 집'에서 생활하다 1937년 강제이주 정책에서 지식인으로 체포되어 1938년 총살당했다. 연해주 한인사회를 상징하는 교육자, 문학가로 명성이 높았던 조명희는 페레스트로이카 이후 다시 중앙아시아와 연해주에서 '부활했다'. 1988년 우즈

연해주 푸칠로브카(육성촌) 농민청년학교 건물　진천 포석조명희문학관

베키스탄 타슈켄트 문학박물관에 '조명희문학기념관'이 문을 열었고,
2006년 연해주 블라디보스토크에서도 조명희의 문학비가 세워졌다.
또 2015년 5월 14일 고향인 충북 진천에 포석조명희문학관이 개관되었
다. 고려인(청소년)과 또 고려인의 삶을 이해하려는 한국인은 연해주에
서 조명희의 흔적을 찾고 또 진천의 조명희문학관을 방문함으로써 고
려인이 겪은 유랑의 삶을 추체험할 수 있을 것이다.

# 새 역사를 쓴 중앙아시아 생활

1937년 고려인의 중앙아시아 강제이주는 5천 년 한민족사의 최대 비극이다. '스파이' 누명을 쓰고 유형 민족으로 살아야 했던 고려인! 강제이주 된 고려인들은 절반 이상이 농촌의 집단농장(콜호스)과 국영농장(솝호스)에 배치되었다. 1941년에 소련과 독일 간의 전쟁이 발발하자 고려인들은 주로 후방에서 지원 활동을 하는 노동군(노무부대)에 편성되어 일했다. 그러나 일부 고려인들은 현역 군인으로 참전하여 소련의 승전에 이바지하기도 했다.

농사의 천재인 고려인은 강인한 생명력으로 중앙아시아의 초원과 갈대밭을 옥토로 만들었고, '사회주의 노동영웅'으로 훈장을 받은 고려인들도 209명에 이르렀다. 1953년 스탈린 사후, 명예를 회복한 고려인은 주류사회에 진출하여 정계와 재계, 법조계, 교계에서 성공을 이루어내고, 언론(레닌기치) 및 공연예술(고려극장) 등에서도 부흥을 이루었다.

중앙아시아 시기 고려인의 삶을 5개의 주제로 정리했다.

# 스탈린의 강제이주

　　1937년 소연방 인민위원회의 및 전소연방 공산당(볼셰비키) 중앙위원회는 극동변강 지역에서 한인들의 스파이 행위를 저지한다는 명목으로 전대미문의 비인간적인 강제이주를 결정했다. 결정문에는 극동변강 국경지역의 한인 전체를 남카자흐스탄주, 아랄해와 발하슈호, 우즈벡 공화국으로 이주시키고, 1938년 1월 1일 전까지 이 계획을 완료시키라는 등의 12가지 결정사항이 담겨 있었다. 나아가 1937년 8월 24일 내무인민위원 예조프는 극동 내무인민위원회 위원장 류쉬코프에게 반소비에트 활동과 국경지역에서 간첩행위 혐의가 있는 한인들과 반혁명분자들을 긴급체포하여 사법기관에 넘기라는 전문을 보냈다. 김만겸, 김미하일로비치, 김아파나시, 남만춘, 박민영, 박진순, 오하묵, 이봉수, 조명희, 최성학, 한명세 등 약 2,500명에 이르는 고려인 지도자와 지식인들이 체포되었고 대부분이 처형당했다. 강제이주가 시작된 것이다.

　　1937년 9월 9일 블라디보스토크와 우수리스크 사이의 라즈돌노예역에서 강제이주 첫 열차가 출발했다. 열차는 마소나 기타 대형화물 등을 운송하는 화물열차였고, 50~60개의 화물칸으로 이루어졌다. 화물칸 객차에는 창문 하나 없었으며, 한쪽에 나 있는 문만이 전부였다. 안은 비좁고 더러웠다. 사람들은 도살장에 끌려가는 소처럼 움츠려 있었고, 서로들 말이 없었다. 열차는 꼬박 한 달을 달렸다.

1937년 10월 25일 극동으로부터의 한인 강제이주는 거의 종료되었다. 강제이주 한인들은 공산주의자들, 콤소몰 조직원들, 한인 교장 및 소비에트 당원학교 교사들, 일선 교사들, 보안기관 요원, 한인 빨치산 출신자들, 고등교육기관 학생 등 다양했다. 1937년 10월 29일 소련 내무인민위원 예조프는 "1937년 10월 25일 극동지역에 거주하던 한인의 이주가 완결되었으며, 총 124개 객차로 171,781명(36,442가구)을 이주시켰으며, 11월 1일에 이주해올 특별이주자들이 700명가량 남아 있다. 한인 이주자들은 우즈베키스탄으로 76,525명(16,272가구), 카자흐스탄으로 95,256명(20,170가구)이 이주되었다"라고 소련 인민위원회의 의장 몰로토프에게 강제이주 총결산보고서를 보냈다. 한인들의 강제이주 지역은 중앙아시아에만 국한되지 않았다. 한인들은 무르만스크, 아르한겔스크, 모스크바, 우흐타, 툴라 등, 유럽러시아에까지 이주했고, 이들은 다시 1940년대에 재이주의 고통을 당했다. 스탈린의 죽음과 더불어 사실상의 강제이주는 종료되었다.

# 카자흐스탄 '선봉' 콜호스 김만삼, 선봉에 서다

강제이주 직후 한인들은 곳곳에 콜호스를 조직하며 1940년대를 맞이했다. 이제 한인들은 고난을 극복하고 새로운 환경에 적응해 나가기 시작했다. 한인들이 소비에트 농업경제에 크게 이바지한 분야 중의 하나는 벼농사이다. 한인들의 벼 재배 콜호스는 높은 수확량으로 소련의 중공업 정책과 전시경제에 도움을 주었다. 특히 크즐오르다주 칠리구역 '선봉' 콜호스의 분조장 김만삼은 콜호스가 조직된 초기부터 농업전문가로서 두각을 나타내기 시작했다. 이미 연해주 시절부터 농업 분야에서는 남다른 능력을 보여왔던 그는 건축 부분에서도 능력이 많은 인물이었다.

콜호스가 조직된 지 1년여가 지난 1938년 9월 크즐오르다주 칠리구역 '선봉' 콜호스는 건축 부분 총결산을 통해서 우수한 성과를 거둔 콜호스원들을 시상했다. 김경삼, 박억응, 허류바, 김만삼이 일등상을 받았는데, 특히 김만삼은 과제를 150%로 수행함으로써 단연 두각을 나타냈다. 김만삼은 1940년도에도 카자흐 공화국 최고 소비에트 간부회의와 소련 중앙당국으로부터 훈장을 받으며 그 이름을 한인사회뿐만 아니라 소련 전 지역에 떨쳤다.

김만삼의 근면성은 전체 한인들의 표상과 모범이 되었다. 그의 농업기술은 주변 민족들에게 경탄을 자아내게 했다. 그는 언제나 농사 시작과 더불어 매일같이 규정된 작업량을 150~200%씩 넘치게 실행하며 콜호스의 벼농사를 주도해 나갔다. 김만삼이 속한 분조는 1941년에는 19헥타르에서 평균 60첸트네르씩, 이 중 10헥타르에서는 평균 100첸트네르씩의 벼를 수확했다. 김만삼은 한편으로는 50여 명의 당원이 소속된 '선

김만삼

봉' 콜호스의 초급당 단체에서도 활동하는 등 당의 인정을 받는 인물이었다. 김만삼은 3호 브리가다의 분조장으로서 자신의 브리가다를 콜호스의 선진 브리가다의 지위에 올려놓았다. 김만삼이 이룬 성과의 원천은 벼 품종실험소에서도 찾아볼 수 있다. 김만삼이 지도하는 벼 품종실험소에서는 21개 종류의 벼가 실험 재배되었고, 그의 끊임없는 노력의 결과 1942년에는 1헥타르당 15톤의 수확이라는 놀라운 대기록을 일구어내기에 이르렀다.

김만삼의 벼 재배법은 카자흐 공화국 전 지역에 널리 보급되었다. 1945년과 1946년 김만삼은 두 번에 걸쳐 붉은 노동훈장을 받았고, 1947년에는 스탈린상을 받았다. 김만삼의 벼 재배 기술은 현지인들을 매료시켰다. 많은 제자 가운데 특히 인접한 '크즐-투' 콜호스의 벼 재배 지도자이자 스탈린상 수상자이며 이중 노동영웅인 카자흐인 이브라이자하예프가 벼 재배 기술을 훌륭히 이어 나갔다. 한인들의 헌신적인 노력은 소련 당국의 포상을 통해 높이 인정받았다.

# 우즈베키스탄 '북극성' 콜호스 김병화

우즈벡 공화국의 한인들 또한 카자흐 공화국의 한인들과 유사하게 삶을 개척해 나갔다. 많은 한인 콜호스들 중에서, 특히 70 평생을 콜호스 발전에 몸담으며, 콜호스를 공화국 최고의 지위에 올려놓은 이중 노동영웅 김병화(1905~1974)와 '북극성' 콜호스의 사례는 카자흐 공화국 김만삼과 '선봉' 콜호스의 경우처럼 독보적이다. 연해주 수이푼 구역 재피고우 출신의 김병화는 18세부터 노동생활을 시작했다. 1927년에 공산당에 입당, 그해 10월에 '붉은 군대'에 입대한 김병화는 1939년에 장기 군복무를 마쳤다.

김병화는 먼저 중치르치크 구역의 '새길' 콜호스에서 건설사업을 지도하기 시작했다. 하지만 얼마 안 있어 1940년부터 김병화는 '북극성' 콜호스의 대표로 선출되었다. 이때부터 김병화식의 콜호스 농업개척이 시작되었다. 김병화는 콜호스의 농업 및 건설 분야에서 탁월한 성과를 거두어냈다. '북극성' 콜호스는 1940년대부터는 밀, 벼, 채소 작물뿐만 아니라 목화재배에도 착수했다. 제2차 세계대전 시기에 '북극성' 콜호스는 밀 867톤과 목화 163톤을 수확했고, 이를 기초로 전투기 생산에 221만 1천 루블을 기증했으며, 1944년에는 콜호스에 수력발전소를 건설했다. 1941~1945년에 한인 콜호스들은 경지면적을 세 배나 늘렸는데, '북극성' 콜호스도 약 다섯 배로 늘려 4년 동안 1,080헥타르의 토

지를 개척해냈다. 이 기간에 목화와 벼농사를 위한 파종면적은 10배 정
도 증가했으며, 1헥타르당 17첸트네르(1.7톤)의 목화가 수확되던 이곳
에 한인들이 오면서 1헥타르당 30첸트네르씩 수확되기 시작했다.

　　김병화의 지도력을 높이 평가한 소비에트 당국은 1948년 4월 28
일 그에게 사회주의 노동영웅의 칭호를 수여했다. 1948년 5월 3일 김병
화는 타슈켄트주 콜호스 담당 소비에트 볼코프에게 사회주의 노동영웅
칭호를 부여해준 것에 대해 감사를 표했고, 사회주의 농업경제의 발전
을 위해 더 노력할 것을 약속했다. 김병화의 탁월한 농업적 조직능력과
지도력에 힘입어 콜호스는 계속해서 발전해 나갔다. 1951년 8월 31일
콜호스 건설과 목화 및 벼 수확량에 따른 결과로 다시 김병화에게 레닌
훈장과 '낫과 망치' 금메달이 수여되었다. 재차 사회주의 노동영웅 칭호
를 부여받음으로써 김병화는 사회주의 '이중 노동영웅'이 되었다. 1956
년에 소련공산당 기관지인 '프라브다'에 소개되면서 김병화는 공화국
을 넘어서 전소연방에 알려지기 시작했다. 1962년 콜호스 내에 자신의
동상이 건립되었을 때, 김병화는 '당과 정부, 친애하고 사랑하는 콜호스

김병화박물관과 흉상(출처: 재외동포의 창)

　　　　　　　　　　　　　　　　　I. 함께 읽는 고려인의 역사

원들에게 감사하다'며 굵은 눈물을 흘리며 감사를 표했다.

　소련 당국은 김병화에게 이중 노동영웅 칭호 외에 4개의 레닌훈장과 1개의 시월혁명훈장, 2개의 노력적기훈장, 1개의 노력표식훈장 등을 수여했다. 김병화는 우즈벡 공화국 공산당 중앙위원회 위원과 중앙검사위원회 위원, 1946년도부터는 공화국 최고 소비에트 5~8기 대의원으로 활동해왔다. 1974년에 '북극성' 콜호스는 '김병화' 콜호스로 명칭이 바뀌었고, 타슈켄트의 한 거리와 타슈켄트주 투야부구스 촌락에 있는 고등학교의 명칭에 '김병화'란 이름이 붙게 되었다. 1974년 5월 7일 '북극성' 콜호스의 실제적인 조직자이자 1927년 소연방 공산당원이며, 우즈벡 공화국 소비에트 대의원, 타슈켄트주 당위원회 위원인 사회주의 이중 노동영웅 김병화가 지병으로 사망했다. 김병화를 기억하는 모든 이들은 지금도 그를 두고 "그는 훌륭하고 착한 사람이며, 궁리 있는 관리위원장이며 예산이 좋은 주인이지요"라고 말하며 기억하고 있다. 김병화박물관은 1976년 설립되어, 2005년 김병화 탄생 100주년을 맞아 새롭게 단장했다.

# 고려인을 하나로 연결해준
# 고려일보와 고려극장

1937년 고려인의 중앙아시아 강제이주는 고려인사회의 고려말 문화 환경을 바꾸어버렸다. 1938년 민족어 학교는 러시아어 학교로 개편되었고, 카자흐스탄의 크즐오르다로 이주한 조선사범대학은 러시아사범대학으로 바뀌었다. 고려말 교육을 위한 기존 기반환경은 완전히 사라졌다. 그러나, 중앙아시아 및 소련 전역에 보급된 한글 신문『레닌기치』와 중앙아시아 콜호스를 순회하면서 고려어로 공연한 고려극장은 소련 시기 고려인을 하나로 연결해주었다.

## 고려일보

강제이주 직후인 1938년 3월 25일 카자흐스탄 크즐오르다 주당위원회의 결정으로『선봉』신문은 5월 15일『레닌의 긔치』(이하『레닌기치』)라는 제호로 재출간되기 시작했다. 크즐오르다에서 활동을 재개한『레닌기치』신문은 그 조직과 형식, 내용 면에서 크게 발전되어 나갔다. 과거에 비체계적으로 실리던 지방 기사들 대신에 유력한 통신기관인 '타스'와 '아페엔'에서 조직한 우수한 학자, 사회활동가, 주재 기자, 특파

I. 함께 읽는 고려인의 역사

기자, 직외 기자 등의 기사들이 실리기 시작했다. 또 초기 소형판으로 인쇄되어 1937년까지 주 3간으로 발간되던 것이 주 5간(일간) 대형판으로 인쇄되었으며, 크즐오르다주 주당위원회 기관지에서 카자흐 공화국 공산당 중앙위원회 기관지가 되었다가, 공화국 간 공동신문으로 격상되었다. 발행 부수도 1937년 당시 11,000부에서 창립 50주년인 1988년에는 14,000부까지 증가했고, 직원도 50여 명으로 늘어났다. 또한, 신문이 크즐오르다에서 알마티로 다시 이전된 후에는 기술적인 측면(활자, 사진 등)에서 큰 진보가 이루어졌다.

『레닌기치』의 가장 큰 공은 고려인사회의 공연예술과 문학 및 전통 등 문화 발전에 크게 이바지해왔다는 데 있다. 특히 고려극장과의 지속적이고 밀접한 관계를 유지하면서 극평은 물론 극장의 생활과 배우들의 공연작품 선전 및 광고 등의 창작사업에 관하여 기사를 게재했다. 공연작품들에 대한 장단점들을 지적 및 보완해주는 역할도 감당했다. 시, 소설 등 고려인문학 발전에 미친 영향 또한 빼놓을 수 없다. 신문을 통해 많은 작가와 시인들이 발굴되었다. 신문에 게재되었던 우수한 작품들만을 모아 1971년에는 『시월의 햇빛』, 1975년에는 『씨르다리야의 곡조』라는 작품집을 출간하기도 했다.

소련 체제 붕괴 이후 『레닌기치』의 뒤를 잇는 신문이 된 『고려일보』는 당시 사회 및 경제 상황의 악화로 인한 신문발행 재원 조달의 어려움으로 인해 일간신문이라는 명칭과는 달리 실제로는 1개월에 4회로 간행을 감소시켰고, 4회 가운데 1회는 러시아어로 발행했다. 신문 지면의 변화는 소련 말기인 1989년부터 시작되었다. 1989년 3월부터 러시아어 지면이 도입되어 신문의 4분의 1을 차지하고 있었다. 이후 1991년 『고려일보』로 개명되면서 러시아어 지면은 독립된 신문으로 매주 토요일에 주간지 형식으로 발행되었다.

소련을 구성했던 개별 공화국들이 독립함에 따라 소련 시기에 구축되었던 소련 전체 단위의 배포망 붕괴, 지속적인 인플레로 인한 신문 발행비용의 급격한 증가, 구독자의 감소로『고려일보』도 존폐위기를 맞이하게 되었다. 이러한 상황에서 한국 정부가 고려일보사에 장비를 지원하게 되면서 컴퓨터를 이용한 편집체제가 시작되었다. 1994년부터는 소련 체제 붕괴로 인한 체제 혼란이 어느 정도 안정화되면서 신문발행 역시 개선의 조짐이 나타나 매호 발행 부수는 4,000~5,000부를 기록하게 되었지만, 재정적인 어려움은 지속되었다. 1997년 하반기부터는 A3용지 16면의『고려일보』가 12면으로 축소되었고, 카자흐스탄 정부의 보조금 삭감 조치로 인해 신문 지면은 다시 8페이지로 축소되고, 발행횟수도 월 2회로 축소되었다.

1999년 말 카자흐스탄 문화부가 모든 국영신문의 사유화 결정을 내리게 되면서, 2000년 1월 1일부터『고려일보』는 카자흐스탄 고려인협회가 운영권을 가지게 되었다. 이후 2000년대 중반에 이르러『고려일보』는 국가보조금과 카자흐스탄 고려인협회의 재정을 기반으로 다

고려일보 창간 100주년 기획전 (출처: 월곡고려인문화관)

I. 함께 읽는 고려인의 역사

시 안정적인 발행체제로 회복되었다. 그러나 신문의 수준과 질의 고양 및 발행 부수 증대라는 문제점은 계속되고 있다. 2023년 창간 100주년 행사를 개최했으며, 광주 고려인마을에서도 『고려일보』 창간 100주년 특별전시회가 열렸다.

## 고려극장

1937년 강제이주 당시 고려극장의 구성원 대부분은 카자흐 공화국 크즐오르다로, 일부는 우즈벡 공화국의 타슈켄트 인근 벡테미르로 이주했다. 이로 인해 2개의 극장으로 나누어졌지만 상호 간의 협조는 지속했다. 제2차 세계대전 중인 1942년 1월 13일 고려극장은 고려인들의 강제이주 최초 정착지역이었던 우슈토베로, 다시 1959년 5월 30일 카자흐 공화국 정부의 결정에 따라 다시 원래 극장이 있었던 크즐오르다로 이전되어 크즐오르다주 주립 고려극장이 되었다. 1964년 1월부터는 '카자흐 공화국 고려음악연극극장'으로 격상됨에 따라 소련 전역으로의 순회공연도 가능해졌다. 1960년에는 고려극장에 타슈켄트예술대학에서 전문 예술연기자 교육을 받은 12명의 젊은 배우들이 입단했다. 이들은 한국어 공연이 가능한 고려인 배우들로, 이후 주축 배우들로 성장했다.

1968년 고려극장이 카자흐 공화국 수도인 알마티로 옮겨오면서 명칭이 '카자흐 공화국 국립음악희곡고려극장'이 되었는데, 이는 고려극장이 주립극장에서 국립극장으로 승격되었음을 의미했고, 같은 해에 극장공연팀의 일원으로 아리랑가무단이 창설되었다. 1970년대에 들어와서는 북한 출신 한진, 명동욱 등이 고려극장 발전에 이바지했다. 이들은 1950년대 초 소련으로 유학을 왔다가 유학 말기에 김일성 반대운동에 관여하여 북한 귀국을 거부한 정치망명자들이었다. 소비에트 카자흐 공화국 국립극장으로 격상된 이후 고려극장은 소련 전역 순회공연에 나섰고, 극장 창설 50주년인 1982년에는 처음으로 모스크바 순회공연을 했다.

고려극장의 주요 공연 활동은 도시의 극장 무대에서뿐만 아니라 지방 순회공연을 통해서 이루어졌다. 특히 고려극장의 주요 활동사업 중의 하나였던 순회공연은 연극단과 가무단에 의해서 수행되었고, 사전에 『레닌기치』 신문을 통해서 공연 광고를 했다. 고려극장 내에 조직된 아리랑가무단은 카자흐 공화국, 우즈벡 공화국을 비롯한 주변의 중앙아시아 공화국들과 모스크바, 레닌그라드, 키예프, 백러시아 등의 발트해 국가 등지를 다니며 순회공연을 했다. 순회공연은 자체적으로뿐만 아니라 소련 문화성의 지시에 의해서도 기획되었고, 적게는 1~2개월에서 길게는 10여 개월에 걸쳐서 수행되었으며, 조선민속춤과 조선가요를 공연했다. 특히 카자흐 공화국 공훈 배우인 김블라디미르의 노래와 이림마의 조선춤은 관중의 마음을 사로잡을 정도로 아낌없는 박수갈채를 받았다. 아리랑가무단과 연극단은 1년에 총 130회 정도의 순회공연을 했고, 매해 8만 명 이상의 관객들이 관람할 정도로 호응이 컸다.

한편, 중앙아시아 고려인사회에서 마을 단위로 조직된 아마추어 예술단체인 소인예술단이 민족문화를 보존·발전시키는 데 이바지했다. 소비에트 정부의 정책적인 지원의 결과, 생활현장을 단위로 자발적으로 조직된 소인예술단에서 기량을 닦은 사람들이 후에 전문예술단체로 진출하거나 아마추어 소인예술단이 전문예술단체로 변모하기도 했다.

소련 체제 붕괴 이후 1990년대 들어 고려극장은 변화하는 사회 및 문화 환경에서 자립할 방안을 찾아야 했다. 1999년 말부터 고려극장이 카자흐스탄 고려인협회 산하로 재편되어 효율적인 극장 운영을 위한 체계가 구축되면서 활성화되기 시작했다. 소련 말기 및 소련 붕괴 이후의 체제 전환기에 우즈베키스탄 타슈켄트에서 전문 예술인으로 육성된 이른바 제5세대 젊은 고려인 예술가들이 고려극장에 충원되었으며, 카자흐스탄 고려인협회, 주카자흐스탄 한국대사관의 지원도 계속되었다.

2002년 고려극장은 카자흐스탄 국가로부터 단독 건물을 받음에 따라 전용 극장의 시대를 열게 되었다. 한국과의 교류가 활성화됨에 따라 고려말이 아닌 한국어로 연극을 시도하는 경우가 늘어나고 있고, 세계 각지에서 열리는 연극 페스티벌에 직접 참가하는 등 그 활동영역을 다양화하고 있다. 한국어로 공연을 올리고, 이를 즐길 수 있는 관객들이 줄어드는 상황에서 고려극장은 2006년부터 자체 연극인 양성과정을 운영하고 있으며, 단기적으로는 공연 프로그램 중간에 한국어가 필요 없는 러시아어 콩트나 노래, 한국 전통춤, 북한 전통춤, 카자흐 전통춤 등을 삽입하여, 고려말 연극 중심의 단조로운 분위기를 탈피하고, 공연에 젊은 세대의 취향을 반영하고 있다. 2022년 창단 90주년 행사를 했는데, 광주 고려인마을에서도 특별전시회를 개최했다.

고려극장 창립 90주년 기획전
(출처: 월곡고려인문화관)

# 더 넓은 농토를 찾아 떠난 '고본질'

　　1950년대까지 농업 생산성을 올리며 성과를 거두어왔던 중앙아시아 지역의 콜호스들이 1960년대 들어 점차 쇠퇴의 길을 걷기 시작했다. 이는 소련 중앙당국의 중앙아시아 처녀지 개간을 비롯한 농지면적 확대 조치와 관련이 있다. 1953년 9월 7일 소련공산당 중앙위원회는 중앙아시아의 농업과 축산업, 기계화를 발전시키기 위한 결정을 내렸다. 농업의 기계화를 위한 당국의 지원이 시작되었고, 중앙아시아 지역의 공업화도 장려되었다. 또 기계화와 공업화를 진행할 전문가 양성을 위해 공업직업학교와 농업기계화학교들이 설립되었다. 많은 한인 젊은이들이 이 부문에서 공부했으며, 기계에 정통한 전문가들이 많이 배출되었다. 1956년 개최된 소련 제20차 공산당대회에서도 1956년부터 1960년까지 실행될 제6차 5개년계획에서 중공업발전과 농업생산을 증가시키는 것이 결정되었다. 이 결정은 중앙아시아 콜호스 한인들의 삶에 엄청난 변화를 가져다주었다. 즉 콜호스의 전반적인 균형 있는 발전을 추구한다는 명분으로 부유한 콜호스와 그렇지 못한 콜호스들 간에 통합이 이루어진 것이다. 김병화 콜호스의 경우도 이해 해당하는 사례다.

　　하지만 이러한 콜호스 간의 통합은 콜호스의 경영 악화로 이어졌다. 상대적으로 부유함을 유지해왔던 한인 콜호스들이 경영상태가 나쁜 콜호스들의 채무까지 떠안으면서 통합된 콜호스들은 점차 쇠퇴하기

　　　　　　　　　　　　　　　　　I. 함께 읽는 고려인의 역사

시작했고, 이는 결국 한인 콜호스원들이 콜호스를 떠나게 되는 결과를 낳았다. 콜호스를 떠난 한인들은 '고본질'이라는 계절 농업을 위해 토지가 비옥한 러시아의 볼고그라드나 카프카스, 우크라이나 등지로 떠났다. '고본'은 '여러 사람이 공동으로 하는 사업에서 각각 내는 밑천'이라는 뜻이다.

고본질은 농민이 소속된 콜호스를 떠나 다른 지역에 가서 농사를 짓고 수확물을 판매한 후, 소속 콜호스로 돌아오는 형태로 주로 3월에서 10월 사이에 이루어지는 계절 농업방식이다. 고본질 영농 방식의 기본 운용단위는 개인적인 농업경제 단위가 아니라 '브리가다(бригада)'라고 불리는 소규모 공동체의 농업작업반이었다. 농업이 노동집약적 생산 활동의 특징을 갖기 때문에, 이전부터 집단농장의 근간으로 기능했던 브리가다 단위로 이동하거나 가족을 포함한 친인척 공동체 단위로 고본질을 실행했다. 브리가다의 규모는 대체로 40~50명에서 100명 정도에 이르렀으며, 고본질 농사팀의 대표자는 조직 구성, 현장 활동, 판매망 구축 등에서 매우 큰 권한을 가졌다.

고본질 영농은 생산성과 판매 경로가 뛰어난 지역을 찾아 이동하는 방식이었다. 대표자는 토질의 변화와 비옥도, 현지인의 성향, 판매 예측 등을 종합적으로 분석하여 특정 지역을 선택하고서 임대차 계약을 실행했다. 고려인들은 고본질 영농 방식에서 뛰어난 업적을 남겼다. 특히 중앙아시아 지역의 고려인들은 먼 거리인 우크라이나 남부지역이나 카스피해 주변의 북카프카스 등지에서도 고본질 영농을 추진하여 성공적인 활동을 보였다.

사실 이 시기에 소속된 콜호스를 벗어나는 것은 불법적인 행위였다. 하지만 고본질은 고생하는 만큼 많은 수익을 보장해주는 측면이 강했다. 한인들의 불법적인 고본질이 계속 지속될 수 있었던 것은 고본질 한인들과 콜호스 간의 나름의 숨은 거래가 있었기 때문이었다. 즉 정상적인 콜호스 운영으로는 국가의 요구량을 채울 수 없었던 콜호스는 고본질을 통해 얻는 수익 일부를 받아 국가의 요구량을 채우고, 나머지는 고본질 농민이 소유하도록 눈을 감아주었다. 사실 고본질은 한 해 농사를 망치면 빚더미에 올라앉게 될 정도로 위험성이 높은 농업방식이었지만, 높은 수익을 보장해주는 고본질을 한인들은 계속해 나갔다.

고본질은 한인들의 재산축적을 가능하게 해주었으며, 이는 한인들이 도시로 이주해갈 수 있는 기반을 제공해주는 원천이 되었다. 한인들의 도시 거주는 시간이 지날수록 증가했고, 1980년대에는 한인들의 80% 이상이 도시에 거주하고 있었다.

3

고려인의 귀환: 연해주와 한국

● 고려인의 연해주 '귀환'과 고려인 지원단체
● 코리아에서 외국인으로 사는 고려인의 한국살이

1985년에 시작된 고르바초프의 페레스트로이카('개혁')와 글라스노스치('개방') 정책에 이은 소련의 해체와 독립국가연합의 탄생은 고려인의 삶을 다시 바꾸어놓았다. 15개국으로 나뉜 국가마다 민족적 정체성을 확립해나가는 과정에서 고려인은 '소련 시민'에서 지역국가의 소수민족으로 전락했다. 특히, 중앙아시아에서 일어난 자민족중심주의와 내전으로 고려인은 피땀으로 일군 삶터를 떠나, 선조들의 땅 러시아 연해주로 또 러시아와 우크라이나 남부지역 등으로 재이주를 떠나야 했다.

선조들의 땅 러시아 연해주로의 '귀환'에 한국의 시민단체가 지원했으며, 지자체와 선교단체들도 연해주 고려인사회의 삶을 보듬고 있다. 또한, 1988년 서울올림픽을 통해 알게 된 조상의 나라 대한민국이 고려인의 새로운 선택지가 되고 있다. 2007년부터 한국 이주의 기회가 많아졌으며, 2014~2015년부터 고려인 동포의 가족 동반이 가능해지면서 한국 정착도 늘어났다. 현재 고려인은 '귀환' 동포로 전국의 산업단지 주변에 집거지를 형성하고 있다. 고려인 동포들의 한국살이에 한국 정부와 시민단체의 관심과 지원이 늘어나고 있으나 아직도 많이 부족한 실정이다. 고려인의 귀환 이야기(Story)를 연해주와 한국으로 나누어 정리했다.(김승력이 1차 정리했고, 임영상이 일부 내용을 보완했다)

# 고려인의 연해주 '귀환'과 고려인 지원단체

소련 국민에서 중앙아시아 각국의 소수민족으로 전락한 고려인들이 겪어내야 하는 삶의 어려움은 다양하게 나타났다. 직장에서는 자민족 책임자들이 새롭게 배치되면서 직위가 하락하거나 일자리를 잃기도 하고, 잘된다 싶은 상가, 식당, 매점 등은 부패한 관료들의 수탈 대상이 되어 어쩔 수 없이 싼 값에 넘기거나 폐업해야 하는 경우도 빈번히 발생했다. 언어 문제도 고려인사회에 혼란을 일으켰다. 소련의 공용어였던 러시아어 대신 중앙아시아 민족어가 공식어가 되면서 학교, 직장 등에서 불편을 겪어야 했고 자녀들의 교육과 미래에 대한 불안도 커졌다. 연해주로 돌아온 고려인에게서 자조 섞인 한탄을 자주 들을 수 있었다.

> "강제이주 되면서 고려말도 잃어버려 얼마고자(반러시아인) 다 됐는데 이제 자식들 백계말(우즈베키스탄어)까지 배워 놓으면 뭔 종자 되겠소."

소련 해체로 빚어진 중앙아시아 국가들의 경제문제도 고려인사회의 발목을 잡았다. 낮은 임금과 일자리 부족 등 생계를 유지하기가 이전보다 힘들어졌다. 경제·정치·사회·문화적 어려움과 미래에 대한 불안은 중앙아시아 고려인들을 다시 유라시아 곳곳으로 떠돌게 하는 요인

이 되었다. 그중 일부가 역사적 고향인 러시아 연해주로 돌아와 새 삶을 일구게 되었다.

## 연해주로의 귀환과 정착지원 활동

연해주는 고려인들에게 단순한 거주지가 아니라 자신들의 역사와 문화 그리고 정체성을 지탱하는 중요한 의미를 지닌 곳이다. 선조들의 고향을 찾아 자발적으로 연해주로 이민을 오는 사람들도 있었고 적극적으로 이주와 정착사업을 추진했던 고려인단체와 한국의 시민단체도 있었다.

1993년 러시아에서 공표한 탄압받은 소수민족에 대한 명예회복법안에 따라 고려인들도 명예회복이 되어 러시아로의 이주가 보장되었다. 또한, 러시아연방의 국적을 취득할 권리를 부여했으며 원거주지로 귀환한 고려인이 정착할 수 있도록 주택지원, 국적 부여, 토지 분배, 특별 융자 등의 혜택을 주도록 규정했다.

연해주에서도 고려인민족문화자치와 연해주한인재생기금 단체가 구성되어 적극적인 활동을 펼치게 되었다. 그러나 러시아의 정치, 경제 사정 등으로 많은 어려움에 봉착했다. 고려합섭을 필두로 대한주택건설협회, 한농복구회, 새마을운동연합회, 우리민족서로돕기운동 등 한국의 단체와 기관들이 물질적·재정적 후원을 시작했다. 그중 고려인 정착사업에 가장 적극적으로 뛰어든 단체는 우리민족서로돕기 연해주 지부의 후신인 동북아평화연대 시민단체였다.

대표적인 사업으로는 연해주한인재생기금이 펼친 고려인정착촌 설립사업이었다. 라즈돌노예, 끄레모바, 포보프카, 플라타노브카, 노보

I. 함께 읽는 고려인의 역사

네즈너, 오레호버의 6개 지역 군부대가 철수한 빈 군막사를 연해주 정부로부터 양도받아 중앙아시아 고려인들을 이주시키는 정착사업을 적극적으로 펼쳤다. 그러나 전기와 수도, 가스 등의 기반 시설을 보수하는 데 막대한 비용이 들었고, 새로운 이주자의 러시아 국적 취득에도 어려움이 생겼다. 동북아평화연대는 연해주한인재생기금과 손잡고 이들 6개 정착촌 고려인가족과 한국의 가정을 자매결연 맺어 최저생활비를 지원하기 시작했고 전기, 수도, 건물보수, 생필품 지원, 국적회복 법률 지원 등을 펼쳐나갔다.

고려인민족문화자치회도 동북아평화연대와 함께 고려인들의 문화회복사업에 힘을 기울였다. 아리랑가무단을 설립해 한민족 전통춤과 문화를 러시아 전역에 널리 알렸고, 『고려신문』을 창간·운영했으며 매년 '고려인 문화의 날'을 조직해 고려인 축제의 장을 만들었다.


## 우수리스크와 인근의 고려인마을

연해주의 주도인 블라디보스토크에서 약 100km 떨어져 있는 우수리스크는 과거나 지금이나 연해주 고려인의 중심 도시다. 중국과 국경을 가까이하고 있으면서 극동의 중심도시인 하바롭스크와 블라디보스토크, 북한으로 가는 길목에 있는 연해주 물류의 중심 도시로 동북아평화연대가 설립하고 우수리스크 민족문화자치회가 운영 중인 러시아 한인이주 140주년 기념관(고려인문화센터)이 있다.

고려인문화센터에는 고려인 이주 및 독립운동 역사관과 한국어교육센터, 고려신문, 고려인 가무단, 노인단 등 각종 고려인단체가 입주해 활동하고 있어 명실상부 연해주 고려인들의 구심점 역할을 하고 있다.

우수리스크 고향마을 콩 가공공장

이 외에도 발해유적, 이상설유허비, 최재형 고택(한국정부가 지원해 최재형기념관으로 개조), 일제강점기 최초의 임시정부인 대한국민의회가 성립된 전로한족중앙총회 건물, 푸칠로브카(육성촌)의 고려인농민학교 등이 우수리스크와 인근에 남아 있다.

우수리스크 인근 미하일노프카 지역에도 우정마을이라는 고려인 정착촌이 형성되어 있다. 한국의 대한주택건설협회가 고려인들의 연해주 정착을 위해 조성한 마을로 초기 구상은 1,000여 가구 이상의 한국형 단독주택을 건설하고 주변 농장을 개척해 현대적인 대규모 고려인 이주 정착촌을 만드는 것이 목표였으나 러시아의 관료 행정, 협회의 재정난, 지도부 교체 등으로 31채를 짓고 중단했다.

우정마을 인근의 순얏센과 끄레모바에는 고향마을이라는 고려인 정착마을이 조성되어 있다. 2004년 러시아 한인이주 140주년 기념사업의 하나로 20여 가구가 중앙아시아에서 이주해 조성된 마을로 이주 전체 과정이 한국의 방송사인 MBC에서 창사특집 '귀향'이라는 제목의 다큐멘터리로 제작되기도 했다.

연해주 일대로 이주한 고려인들은 저렴하게 농지를 빌려 수박, 양파, 콩, 옥수수 등을 재배하며 살았지만, 중앙아시아와는 다른 기후로 생산성이 낮아 경제적으로 많은 어려움을 겪었다. 또한, 우수리스크에 조성된 물류 도소매 시장 등에 종사하며 정착해 나갔지만, 러시아의 정치·사회적 불안, 서방의 경제제재와 이에 따른 경제난 등으로 정착에 어려움이 있었다. 이러한 상황이 고려인사회에 알려지면서 중앙아시아에서 이주하는 고려인들은 점차 줄어들어 현재는 이주가 정체된 상황이다. 시간이 지나며 경제적으로 기업인과 정치가 등 성공한 고려인이 나타나고 문화, 의료, 교육계로 진출하고 있으나 경제적으로 발전하고 임금도 높은 한국으로의 이주에 관심이 늘어나고 있다.

# 코리아에서 외국인으로 사는
고려인의 한국살이

1988년 서울올림픽은 고려인들에게 발전된 모국으로서 한국을 새롭게 인식하는 계기가 되었다. 그러나 냉전 시기 공산권 국가 소련에 살던 고려인들이 자본주의국가인 한국에 입국하는 길은 요원했다. 1993년에는 산업연수제도를 시행하며 저개발 국가의 외국인과 함께 일부 고려인들이 입국하기도 했으나, 자유롭고 본격적으로 한국에 입국할 수 있는 길이 열린 것은 1999년 재외동포법이 제정된 후 재외동포(F-4) 비자가 발급되면서였다. 그러나 1948년 대한민국 정부 수립 이전 국외로 이주한 동포(고려인, 조선족 등) 후손은 동포에서 제외되었다. 결국, 고려인과 조선족은 '대한민국 정부 수립 전에 국외로 이주한 동포를 포함한다'라는 문구를 추가한 2004년 재외동포법 개정안이 국회를 통과함으로써 '재외동포'가 되었다.

## 국내 고려인마을의 형성

고려인은 코리아(Korea)에서 여전히 코리안(Korean)이 아니었다. 재외동포 비자 소지자는 '단순 노무' 일을 할 수 없었고, 동포방문 단기(C-

3-8) 비자로 들어온 동포는 체류 기간을 넘겨 불법 취업자가 되었다. 2007년 3월 한국정부가 방문취업(H-2) 비자 제도를 시행하고 또 재외동포 비자 취득이 완화된 후에야, 고려인들은 취업을 목적으로 한국에 입국할 수 있었다. 방문취업 비자는 고려인과 조선족에게만 부여한 취업비자로 단순노무직에도 종사할 수 있어 고려인들의 입국이 많이 늘어나기 시작했으며, 안산에 처음으로 고려인 집거지가 생겨났다.

2011년 만 65세 이상 외국국적 동포의 영주귀국이 허가되었고 2014년에는 외국국적 동포 대상 동포방문 단기 비자를 60세 미만과 미성년자에게도 발급해주었다. 2014년 4월 재외동포 비자, 2015년 4월에는 방문취업 비자 소지자에게 가족동반이 허용되었다. 이로써 한국에서 일하는 부모와 떨어져 조부모의 돌봄을 받던 고려인 영유아와 청소년들이 한국에 들어오고, 뒤이어 손자녀를 돌보기 위해 들어온 조부모와 함께 3세대가 사는 고려인 가정이 늘어났다.

안산과 광주뿐만 아니라 인천, 경주, 김해, 아산, 청주 등 전국의 산업단지 주변에 '고려인마을'이 형성되었다. 특히, 인천 연수동 고려인마을은 수도권 고려인마을의 중심으로 발전하고 있다. 2024년 현재 11만 명에 가까운 고려인들이 한국에 거주하고 있다.

연해주로 간 고려인들과 한국으로 온 고려인들의 거주 환경과 상황은 다르다. 연해주로의 이주가 언어와 문화가 익숙한 곳을 찾아 정착하려는 이민의 형태라면, 한국으로의 이주는 일시적인 이주노동의 형태를 띠고 있다. 러시아는 명예회복특별법으로 국적을 보장해주고 농사지을 땅도 거의 무상으로 주지만, 한국은 국적취득이 거의 불가능할 정도로 어렵기 때문이다. 한국 정부에서 고려인들에게 발급하는 비자도 계속 거주하며 안정적으로 일하기에는 제한이 있으며 언어소통의 문제도 이민을 어렵게 하는 데 크게 작용하고 있다.

고려인들은 한국 생활이 힘들어도 이 정도 고생이야 각오하고 왔고 모국이 받아주기만 한다면 정착해 살고 싶다고 이야기한다. 비자 기간이 끝나 어쩔 수 없이 중앙아시아로 돌아가며 "지금 돌아가지만, 또 어디로 가서 살아야 할지 모르겠소. 거기엔 미래가 없소"란 말을 그림자처럼 남기고 떠나기도 하지만 어느 곳에서든 든든히 뿌리내리는 유전자가 이주 역사의 경험 속에 남아 있다.

## 안산시 이주 배경

한국에 거주하는 고려인들은 집거지를 형성하고 있는데, 그중 가장 대규모의 집거지는 경기도 안산시에 있다. 안산은 한국의 대표적인 다문화 도시이자 국내 이주민의 관문과 같은 역할을 하는 곳이다. 국내 11만 고려인 중 2만여 명이 안산에 모여 살고 있다.

안산시 단원구 선부동에는 '땟골'이라 불리는 고려인 집거지가 있다. 반월공단을 중심으로 형성된 일자리와 상대적으로 저렴한 집값 등의 원인으로 이주민이 모여들기 시작한 원곡동 일대는 한국의 대표적인 다문화 지역으로 자리매김하게 되었다. 이에 다문화 특구로 개발되기 시작하며 부동산 가격이 상승하자 고려인들은 보증금과 월세가 더 싼 인근의 땟골 지역에 자리 잡기 시작했다. 고려인 특유의 인적 관계망을 활용하는 방식을 통해 고려인 친구와 친지들이 땟골로 모여들면서 자연스럽게 고려인마을이 되었다.

고려인들이 이주할 때 나타나는 특징 중 하나가 친인척 연고지 중심으로 모여드는 것이다. 가족 중 한 사람이 먼저 이주해와 자리를 잡으면, 친인척과 친구들을 불러들여 공동체를 이루며 같이 살아간다. 연

I. 함께 읽는 고려인의 역사

해주 이주와 정착, 중앙아시아 강제이주와 정착, 소련 와해 후 재이주와 정착 모두 혈연과 지연 공동체를 바탕으로 상부상조해야 살아남을 수 있었기 때문이다. 이런 역사적 경험이 고려인 특유의 이주 성향으로 자리 잡았다.

2011년, 고려인들의 국내 정착을 돕기 위한 시민단체도 안산에서 처음 생겨났다. 초기 설립 목적은 고려인에 대한 맞춤형 한글 교육이었으나 점차 한국 생활 전반에 대한 지원으로 확대되었다. 산재, 체불임금, 의료, 주거, 교육, 생활 통·번역 등 고려인들의 상담 요구에 부응하는 과정에서 시민단체는 안산에 사는 고려인의 생존문제를 함께 모색하는 공간이 되었다.

2016년 국회에서 '고려인 이주 150주년 기념사업 지원을 위한 결의안'이 통과되면서 국비 3억 원을 포함, 10억 원의 예산이 확보되어 선부동(땟골)에 고려인문화센터가 준공되었다. 건립 사업을 주도한 고려인지원센터 '너머'가 시로부터 센터를 위탁받아 현재 운영하고 있다.

안산의 두 번째 고려인 집거지는 상록구 사동 한양대 에리카 캠퍼스 부근에 있다. 대학 자취생을 대상으로 원룸 빌라촌이 형성되었지만, 학생들이 기숙사로 들어가거나 인접한 서울에서 통학하면서 원룸촌에 외국인 근로자들이 들어오기 시작했다. 상대적으로 저렴한 월세와 질 좋은 생활 인프라가 갖춰졌기 때문이다. 지리적으로는 일자리가 많은 화성 향남과 가깝고, 화성 남양, 평택까지 출퇴근이 쉬워 고려인 사이에서 입소문을 타며 마을이 형성되었다. 여기에도 '너머'에서 파생한 고려인 지원단체인 '미르'가 설립되어 고려인들의 한국 생활을 도운 것이 유인책이 되기도 했다.

주거와 일자리가 해결되고 나면 다음으로 고려인마을에 중요한 것은 아이들의 돌봄과 교육, 생활편의 시설들이다. 선부동의 선일초등학교의 경우 중도에 입국한 학생들을 위한 특별학급이 운영되고 있어, 한국어와 한글을 모르는 초등학생의 자녀들을 믿고 맡길 수 있다. 고려인 이중언어 강사들이 배치되어 있으며, 학교에서 나가는 공지문이나 중요한 알림은 통·번역을 통해 러시아어로도 제공되고 있어 고려인 학부모들이 선호하고 있다. 사동의 석호초등학교 역시 최근 고려인 자녀의 진학이 급증해 400여 명이 재학하고 있으며, 이들을 위해 러시아어 이중언어 강사가 파견되었고 한국어교실도 개설해 운영하고 있다.

한국 생활이 오래되면서 본국에서 자녀가 이주해온다든지 친지들이 자녀 돌봄을 위해 한국으로 입국하는 경우 원룸이 아닌 빌라의 투룸 이상이 필요하다. 한양대 앞 해양동에서 사동과 본오동 쪽으로 고려인들의 이주가 확장되고 있다. 안산에서 인천이나 화성으로 고려인 이주가 늘어나고 있는 이유도 거주공간 확장에 따른 월세 부담이 크게 작용하고 있다.


## 남북을 연결한 고려인 동포

고려인 러시아 이주 150주년을 기념하는 자동차 대장정 랠리팀이 2014년 7월 7일 러시아 모스크바를 출발, 중앙아시아, 시베리아, 연해주, 북한의 평양을 거쳐 7월 16일 한국에 도착했다. 150년 전에는 기차를 타고 서쪽으로 갔다면, 이번에는 자동차를 타고 동쪽으로 향했다. 고려인들이 자동차를 몰고 시베리아를 관통한 뒤 남북한을 모두 방문한 사례는 이번이 처음이다. 랠리팀 일행 32명과 차량 8대의 이동 거리는 약 1만 5,000km. 매일 380km씩 달린 셈이다. 고려인 이주 150주년 기념사업추진위원회 측은 "고려인이 한반도를 떠나 러시아로 이주한 경로

고려인의 '통일' 염원 유라시아 자동차 대장정(출처: 동북아평화연대)

를 역(逆)으로 되밟아온다는 취지를 살리기 위한 것"이라고 밝혔다. 차량 3대를 북한에 기증했기 때문에 한국에 도착한 차량은 5대로 줄었다.

　고려인 통일 대장정 랠리팀은 7월 17일 오전 안산시 단원구에 마련된 세월호 사고희생자 정부 합동분향소를 방문하고, 오후에는 귀환 고려인 동포의 '고향'인 안산시 선부동 땟골 마을을 방문했다. 땟골 거주 고려인의 환영에 고려인 랠리팀은 모국에 온 기분을 느꼈다고 화답했다. 중국 조선족도 그러하지만, 고려인 또한 남북관계의 개선에 이바지할 수 있음을 보여준 '역사'였다.

## 롤모델(Role Model) 광주광역시 고려인마을

　고려인 동포는 '귀환' 동포지만 반세기 이상 다른 문화권에서 살았다. 고려인마을은 상대적으로 주거비가 저렴한 낙후된 지역에 자연발생적으로 형성되고 있는데, 러시아·중앙아시아 문화가 반영된 특색 있는 공간으로 발전할 가능성을 보여주고 있다. 볼거리와 먹을거리, 그리고 이야깃거리(스토리)가 있는 관광명소가 되고 있다. 대표적인 사례가 바로 광주광역시 광산구 월곡동 고려인마을이다.

광주 고려인마을은 외국인 노동자 지원사업을 벌여온 이천영 목사가 신조야 등 고려인 노동자의 임금문제에 적극적으로 개입하면서 '고려인 동포' 지원사업이 시작되었다. 광주 고려인마을은 자연발생적으로 형성된 것이 아니라 지역사회와의 연대를 통해 공동체를 성공적으로 정착시켜 국내외 고려인사회의 새로운 모델을 제시하고 있다.

고려인마을의 발전에 한국인 이천영 목사와 고려인 3세 신조야 두 사람의 역할이 컸다. 2013년 10월 광주에서는 전국의 지자체 가운데 최초로 고려인 주민을 위한 지원조례가 제정되어 고려인 동포의 정착을 지원하기 위한 제도적 환경이 마련되면서 고려인마을의 규모가 점차 확대되었다. 고려인 동포 자녀를 위한 방과 후 돌봄교실인 지역아동센터(공립)와 중·고교 학생을 대상으로 하는 청소년문화센터, 고려인 학생 중심의 다문화 대안학교인 새날학교(농촌지역인 광산구 삼도동 옛 삼도남초등학교 건물), 고려인마을 소식을 알리는 고려방송, 고려인요양원과 노인돌봄센터까지 고려인 가족의 '광주살이'를 따뜻하게 맞이해주어 왔다.

광주 지역사회의 관심과 다양한 후원(무료진료 포함)뿐만 아니라 국내외 연구자와 인구감소 시대 대안으로 떠오른 고려인마을에 대한 지자체의 방문조사, 대학생과 중·고등학교 학생들의 역사탐방까지 실로 광주 고려인마을은 '역사마을 1번지'로 발전했다. 2021년 고려인의 강제이주 역사와 문화를 살펴볼 수 있는 월곡고려인문화관 '결'의 개관은 평범한 이주민 동네가 독립운동가 후손이 사는 '고려인 역사마을'이 되는 데 결정적인 도움이 되었다. 카자흐스탄에서 고려인을 위한 한글교실을 운영하고, 고려일보 기자 등으로 활동하며 20년 이상 '고려인'으로 살아온 김병학 관장이 현지에서 구매하고 또 기증받은 소중한 고려

　　　　　　　　　　　　I. 함께 읽는 고려인의 역사

미술관을 방문한 광주시립미술관 임직원들과 문빅토르(출처: 광주 고려인마을)

인 역사자료로 해마다 특별전을 개최하고 있기 때문이다. 광주 고려인마을의 '역사 만들기'는 2022년 고려인마을의 각종 행사가 열리는 어린이공원을 '홍범도공원'으로 개명했다.

　광주 고려인마을과 광주 지역사회의 협력은 마침내 2022년 2월 러시아의 우크라이나 침공 후 우크라이나를 탈출한 고려인 동포 900여 명에게 항공권과 정착금, 긴급의료비 등을 지원하며 국내 귀환을 도운 '역사'를 쓸 수 있는 기반이 되었다. 마침내 2023년 중앙아시아의 저명한 고려인 화가인 문빅토르가 '광주살이'를 시작했고, 3·1절 105주년을 맞은 2024년 3월 1일, 광주 고려인마을은 '문빅토르 미술관'도 개관했다.

## 지역특화형 비자 사업과 고려인 가족의 지방 이주

2022년 7월에 발표된 법무부의 '지역특화형 비자' 사업은 인구위기에 대응하고 지역 균형발전을 위한 투 트랙(Two Track) 이민정책으로 유형1과 유형2 사업으로 나뉘어 있다. 유형1(지역 우수인재) 사업은 외국인 유학생이나 외국인 인재가 인구감소지역에서 5년 이상 체류한다는 조건에서 선발될 경우, 체류비자(F-2-R)를 선(先) 부여하고 '가족초청'도 가능한 특례 혜택을 주는 내용이다. 유형2(동포가족) 사업은 중국 동포와 고려인 동포 가족이 대상이다. 최장 4년 10개월 체류하며 3D업종에서 일할 수 있는 방문취업(H-2) 비자를 지닌 동포의 가족이 인구감소지역으로 이주해 2년 이상 정착한다면, 그 가족에게도 체류 기간을 계속 연장할 수 있는 지역특화 재외동포(F-4-R) 비자가 선(先) 부여되며 3D업종 일을 할 수 있다.

2022년 10월 27일 아시아발전재단은 제천시·단양군 국회의원 엄태영, 『아시아엔』과 "지역특화형 비자 사업(유형2)과 '고려인 콜호즈' 토론회"를 개최했다. 지역특화형 비자 사업이 고려인 동포의 '한국살이'에 도움이 될 수 있다는 생각에서였다. 이미 지방의 산업단지 인근에 모여 사는 고려인 동포 가족이 이웃 인구감소지역으로 이주할 경우, 영구 정착이 가능

고려인 콜호즈 토론회 포스터

한 재외동포 비자를 먼저 받으면서도 공장과 농어촌에서 일할 수 있고 타 민족 배우자도 일할 수 있어 큰 도움이 되기 때문이었다. 소련 시대의 콜호스(집단농장) 명칭을 쓴 것은 한국 내 고려인마을이 이주민으로서 어려움을 헤쳐온 고려인 콜호스와 다를 것이 없기 때문이었다.

지역특화형 비자 시범사업(2022. 10 ~ 2023. 10)에 89개 인구감소지역 가운데 28개 지자체가 참여했다. 그중 충청북도 제천시만이 인구감소·지방 소멸 위기 타개책으로 귀환 동포(고려인)의 이주·정착 사업을 공식적으로 추진했다. 제천시는 재외동포지원센터를 만들고 제천으로 이주하는 고려인 동포에게 '제천시 고려인 주민증'을 발급하는 등 '제천 정착'에 도움을 주고 있다.

2024년부터 지역특화형 비자 사업이 '정규사업'이 되었다. 2024년 참여하는 지자체가 66개로 늘어났다. 지역특화형 비자 사업이 지

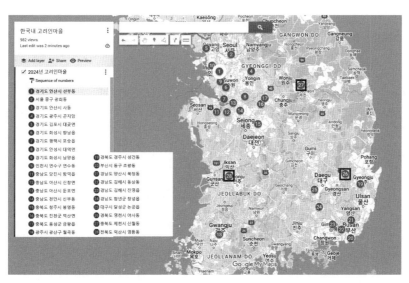

한국 내 고려인마을. 붉은 선은 조성 중인 지역 (출처: 코리안리서치센터)

역의 경제 생활인구 증대에 주는 효과가 드러났기 때문이다. 그런데 2022~2023년 시범사업과 달리, 2024년 사업에서 비자 사업수행 지자체들의 유형2 '외국국적 동포' 사업에 관한 관심이 커졌다. '외국국적 사업'에서도 '지자체의 장이 추천한 사람'에게 비자 특례를 주기로 한 점 때문이다. 지자체의 '외국국적 동포' 유치 성과가 중요해진 것은 바로 다음 해 유형1 '지역우수인재' 쿼터에 반영되기 때문이다. 이미 사업을 추진 중인 충북 제천시 외에 경북 영천시와 전북 익산시 등 인구감소지역/관심지역 지자체 도시들이 '외국국적 동포' 사업에 의지를 갖고 정책을 펴고 있다. 지방정부가 안정적인 일자리와 주거, 그리고 자녀교육에 따뜻한 배려를 보인다면, 수도권의 고려인 동포 가족들도 지역 거점도시 인근의 중소도시 이주를 마다하지 않을 것이다. '코리안 드림'을 더 빨리 이룰 수 있기 때문이다.

I. 함께 읽는 고려인의 역사

# Миграция и обустройство в Приморье России

- Корейские поселения в Приморье
- Добровольческая армия, антияпонская борьба корейцев в Приморье
- Корейцы, обосновавшиеся на новой земле и преуспевшие в выращивании риса
- Образование корейцев в Приморье
- Корейская пресса в Приморье
- Культура и искусство корейцев Приморья
- Корейская литература в Приморье

Первой встречей корейского народа с русскими было во время русско-цинского пограничного конфликта, на территории Наншен, которое произошло дважды (1654 и 1658 гг.) в середине XVII века, когда столкнулись армия Чосона и русская армия, отправленные по просьбе династии Цин. Однако именно в середине XIX века корейцы начали пересекать реку Туманную и мигрировать в Приморье в поисках нового дома. Регион Приморья является отправной точкой корейской миграции в СНГ и «родиной» корё сарам.

Приморский край был частью древнего корейского государства Пархэ (698-926 гг.). Позже он находился под контролем династий Китая Цзинь, Мин и Цин, но после подписания Пекинского договора между Россией и Цин в 1860 году стал территорией России. Начиная с начала 1860-х годов, во времена династии Чосон, корейцы переправились через реку Туманную и плывя на кораблях по Восточному морю отправились в Приморский край России в поисках способа заработать на жизнь. Сразу после окончания русско-японской войны 1904–1905 годов, в результате заключенного под давлением Японии договора о протекторате 1905 года и японской аннексии Кореи в 1910 году, корейцы отправились в Россию, чтобы спасти свою страну и бороться с японским империализмом. Когда и почему приехавшие корейцы начали воспринимать себя корё сарам, а не как народ Чосон? История корё сарам Приморья до их принудительного переселения в Среднюю Азию в 1937 году разбита на семь тем.

# Корейские поселения в Приморье

Корейцы, пересекшие реку Туманную, начали с 13 домохозяйств и 60 человек в селе Зишинхо, а затем стали переселяться в Ёнчху, Посьетский район, Уссурийск, Синельниково, Пучиловку (Юксончхон), Корсаковку, Круновку и другие прилегающие к Суйфуну (Чхупун) районы, а также Владивосток и Партизанск (Сучхон). В 1869 году их число увеличилось до 766 семей, а после 1920 года на Дальнем Востоке России проживало более 180 тысяч корейцев. Кроме того, в 1871-1872 годах при поддержке российского правительства 431 человек из 103 семей в Зишинхо и Ёнчху переселились на реку Самара в Амурской области, обосновавшись в селе Благословенное (Саманри).

## Первое поселение в деревне Зишинхо (Тиджинхэ)

Деревня Зишинхо (Тиджинхэ) — первое место корейского поселения в Приморском крае. В русской литературе отмечается, что начиная с 1863 года с разрешения русских властей там поселилось 13 крестьянских семей из северного

Памятник старому месту деревни Зишинхо, открытый корейским музыкантом Со Тхэ Джи, который исполнил «Мечты о Пархэ» (12 июня 2004 г.)

Чосона. Ге Бон У, историк и борец за независимость, писал: «Весной 1864 года Чхве Ун Бо и Ян Ын Бом пересекли реку Туманную и поселились в Зишинхо, чтобы начать первопроходческую деятельность. Это сравнимо с открытием Нового Света Колумбом». В июне 2004 года Со Тхэ Джи, которого считают основателем K-POP, открыл памятник в деревне Зишинхо.

## Старый поселок и Новый поселок
### (Новый Пионерский поселок)

Корейцы начали собираться во Владивостоке в

1870-х годах и в 1891 году их число достигло около 840 человек. По мере увеличения числа корейцев в 1893 году городское управление Владивостока выделило южный холм, обращенный к Амурскому заливу, называемый Тундокматхве, со стороны Пограничной улицы № 1, и низменность ниже, называемую Ундонматхве, как территорию для корейцев, дорога получила название «Корейская улица». Корейский район, который ранее назывался «Старый поселок», стал ареной деятельности выдающихся борцов за независимость в стране и за рубежом, в том числе Шин Чхэ Хо, Чан Джи Ён, Ли Кан, Хон Бом До и Ю Ин Сок. 15 августа 2015 года был установлен памятник в честь 150-летия корейской иммиграции в Россию.

Тем временем российское правительство в мае 1911 года закрыло корейскую деревню Старый посеелок из соображений профилактики холеры, и корейцы были вынуждены переселиться на окраину города с видом на Амурский залив. Новый пионерский поселок, или Новый поселок, был первым корейским кварталом, центром корейцев в Приморском крае и центром зарубежного движения за независимость, где собирались изгнанные активисты за независимость. Попытка корейцев отметить 50-летие миграции в Россию в 1914 году была сорвана началом Первой мировой войны, а антияпонское движение подверглось давлению со стороны Российской империи. Во время Русской революции и гражданской войны (1917-1922 гг.), японская интервенция в Сибири, апрельская трагедия 1920 года и трагедия в Свободном в 1921 году привели к переносу центра антияпонского движения в Северо-Восточный Китай. 15 августа 1988 года Заграничный корейский научно-исследовательский институт установил памятник в честь Нового поселка (Синханчхон) на въезде в Синханчхон, и сегодня он стал исторической достопримечательностью, где продолжаются различные мероприятия для корейцев в Приморье.

# Добровольческая армия, антияпонская борьба корейцев в Приморье

Корейцы, покинувшие Корею и переехавшие в Приморский край России, создали свои собственные общины и поселения в процессе миграции и адаптации, создавая новые места для жизни. Хотя жизнь иммигранта была чередой лишений, они внесли значительный вклад в движение за восстановление национального суверенитета после японо-корейского договора о протекторате 1905 года, а также в партизанскую борьбу во время Гражданской войны в России 1917-1922 годов.

## Чхве Джэ Хён, «Печка» корё сарам, организовавший добровольческую армию Приморского края

Чхве Джэ Хён, переехавший в деревню Зишинхо со своей семьей в возрасте 9 лет в 1869 году, получил школьное образование под покровительством капитана российского торгового судна и его жены и получил российское гражданство. В 1895 году, благодаря широкой поддержке корейских жителей, он был назначен российским правительством Дохоном (деревенским старостой) Анчихе (Ёнчху, современное Краскино). В результате инцидента с Боксерским восстанием в 1899 году и русско-японского конфликта 1904-1905 годов он накопил значительное состояние и стал активным сторонником образования. Он подчеркивал необходимость образования для корейцев и помог общине корё сарам, открыв школы и предоставив стипендии для обучения в высших школах.

Тот факт, что Япония выиграла русско-японскую войну и Чосон стал протекторатом Японии в результате подписания японско-корейского договора, стал большим потрясением для Чхве Джэ Хёна, гражданина России. Чхве Джэ Хён активно участвовал в движении за восстановление национального суверенитета, посетив Японию в конце 1905 года по приглашению Пак Ён Хё, находившегося в изгнании в Японии. Когда Ли Бом Юн, участвовавший в русско-японской войне в качестве чиновника Кандо, приехал в Ёнчху и навестил Чхве Джэ Хёна в начале 1906 года, Чхве Джэ Хён оказал активную поддержку Ли Бом Юну и его группе. В итоге, Чхве Джэ Хён и Ли Бом Юн организовали отряд добровольческой армии в Ёнчху. Район Посьета, сосредоточенный вокруг Ёнчху, стал центром движения добровольческой армии Приморья.

## Вторжение партизан Приморья на корейскую территорию и поддержка Ан Джун Гына Чхве Джэ Хёном

Когда король Коджон был вынужден отречься от престола в связи с инцидентом с гаагским эмиссаром в Нидерландах в 1907 году, Ан Джун Гын переехал во Владивосток, чтобы создать добровольческую армию за рубежом. Кроме того, во Владивостоке собрались эмиссары Гааги Ли Сан Соль и Ли Ви Джон, а также генерал добровольческой армии Ю Ин Сок, действовавший в Чечхоне, чтобы восстановить национальный суверенитет и создать базу для движения добровольческой армии.

В апреле 1908 года антияпонской добровольческой армейской организацией, сформированной в доме Чхве Джэ Хёна в Ёнчху, Чхве Джэ Хён был назначен президентом, Ли Бом Юн — вице-президентом, Ли Ви Джон — председателем правления, Ом Ин Соп — заместителем председателя и Пэк Гю Сам в качестве секретаря. Письмо о намерениях с указанием цели создания Ассоциации было опубликовано в дополнительном выпуске газеты «Хэджо» от 10 мая 1908 года. Чхве Джэ Хён активно занимался сбором средств для армии и сыграл важную роль не только в приобретении обмундирования, но и в закупке оружия, поскольку он занимался снабжением армии.

Корейские поселения в Приморье были центральной базой деятельности добровольческой армиию и, наконец, 7 июля 1908 года около 300 повстанцев из Приморья атаковали Хунидон близ Шинасана на берегу реки Туманной под командованием командира артиллерии Чон Кён Му, полковника правого фланга Ан Джун Гына и полковника левого фланга Ом Ин Сопа. Однако, несмотря на первоначальные успехи, 19 июля 1908 года повстанцы потерпели поражение от японских войск в Ёнсане, Хверён, что стало поворотным моментом. После этого подразделения Чхве Джэ Хёна и Ли Бом Юна переместились в Кандо и Хунчхун, а некоторые перебрались в Приморье России.

В 1908 году командир правого фланга Ан Джун Гын, который возглавил добровольческую армию Чхве Джэ Хёна и перешел реку Туманную, принял участие в наступательной операции на Корейском полуострове, но в результате столкновения с японскими войсками был вынужден отступить. В марте 1909 года Ан Чжун Гын собрал единомышленников вблизи Приморья и основал организацию под названием «Союз обрезанных пальцев» (단지동맹), присягая на крови, что они отдадут свои жизни за независимость Кореи. Местом формирования Альянса был «склад Чхве Джэ Хёна». Подготовка к покушению на Ито Хиробуми была организована 10 октября 1909 года в офисе Агентства общественных новостей Тэдона, где Чхве Джэ Хён был президентом. Пятая дочь Чхве Джэ Хена, Чхве Ольга, сказала, что Ан Джун Гын рисовал мишени и практиковался в стрельбе в доме Чхве Джэ Хёна перед убийством, а после смерти Ан Джун Гына в этом доме заботились о его двух женах и детях. Также Чхве Джэ Хён поддержал Ан Чжун Гына, предоставив ему русского адвоката для защиты на судебном процессе. Ан Джун Гын, убивший Ито Хиробуми на вокзале Харбина 26 октября 1909 года, кричал: «Корея ура!» Корея ура!» Он был лидером добровольческой армии, действовавшей в Приморье, и кричал «Ура» по-русски.

Между тем корейская община в России также была тесно связана с Корейским национальным союзом, основанным в Сан-Франциско, США, в феврале 1910 года. Национальный союз направил Ли Сан Соля и Чон Джэ Гвана в Приморский край и Маньчжурию в качестве полномочных представителей. С штаб-квартирой в Владивостоке и 33 филиалами в России на Дальнем Востоке, союз активно занимался экономической деятельностью, включая покупку земель и развитие промышленности в Уссурийском крае. Некоторые филиалы организовали вооруженные отряды для участия в антияпонской борьбе, но их деятельность была ограничена из-за давления со стороны российской власти, что сделало легальную деятельность невозможной.

## «13 отрядов праведного дела», «Союз публичных заявлений» (Сонмёнхве) и «Общество содействия развитию» (Квонопхве)

В июне 1910 года отряды Ли Бом Юна, Ю Ин Сока и Хон Бом До, действовавшие независимо, собрались во Владивостоке и объединились в военную организацию под названием «13 отрядов праведного дела». Ю Ин Сок, назначенный губернатором провинции, обратился к королю Коджону с просьбой отправиться в Приморье и создать правительство. Однако, узнав в августе в иностранных средствах массовой информации об аннексии Кореи и Японии, корейцы Приморского края решили провести съезд в корейской школе, организовать митинг с заявлением и отправить телеграмму, объявляющую аннексию недействительной.

В общей сложности 8624 человека подписали декларацию, написанную Ли Сан Солем и дополненную Ю Ин Соком, который был назначен представителем, включая активистов добровольческой армии и патриотического просвещения, такие как Ю Ин Сок, Ли Бом Юн, Ли Сан Соль, Чон Джэ Гван, Ли Нам Ги, Ким Хак Ман, Ким Ман Соп и Ю Джин Рюль, а также лидеров местной корейской общины. В ответ Япония выразила решительный протест России и потребовала ареста и экстрадиции ключевых членов «Сонмёнхве». Ли Сан Соль, Ли Бом Юн и другие были арестованы и сосланы в Иркутск, а Ю Ин Сок, Хон Бом До и Ли Джон Хо сбежали, избежав ареста. В итоге, 11 сентября «Сонмёнхве» было расформировано.

После аннексии Кореи и Японии 29 августа 1910 г. произошла серия «ссылок и миграций» повстанцев и патриотов. Корейская община Приморского края стала центром антияпонской вооруженной борьбы за независимость наряду с Ёнджон Северного Кандо. В условиях нарастающего давления со стороны России и Японии, корейская община Приморья выбрала постепенный подход, максимально используя легальные

I. Читаем вместе историю корё сарам

возможности для защиты прав своих соотечественников и борьбы за независимость родины. Основной формой такой деятельности стало Общество содействия развитию «Квонопхве». «Квонопхве», которое провело свое учредительное общее собрание во Владивостоке в мае 1911 года, избрало Чхве Джэ Хёна первым президентом, а Хон Бом До вице-президентом и получило официальное признание со стороны российских властей, чтобы обеспечить эффективное внешнее взаимодействие. Центральный штаб располагался в Синханчхоне, а филиалы располагались в крупных городах, включая Хабаровск. Присоединиться к организации мог любой взрослый человек старше 21 года, независимо от пола, вероисповедания и образования.

Хотя «Квонопхве» было призвано «поощрить безработицу» среди корейцев, его истинной целью было развитие мощного антияпонского движения. Для эффективной деятельности была издана газета «Квоноп», которая как рупор корейцев Приморья сыграла значительную роль в усилении антияпонского национального духа. Помимо национального образования, «Квонопхве» реализовал проект по подготовке независимых солдат, а также открыл и управлял военной академией в Северном Кандо. Однако, когда в 1914 году, с началом Первой мировой войны, в августе 1914 года «Квонопхве» было насильственно расформировано российскими властями, опасаясь ухудшения отношений с Японией.

## Национальное собрание Кореи, Движение 1 марта, Корейская партизанская борьба

С роспуском «Квонопхве» антияпонское движение корейцев ослабло, но с началом русской революции в 1917 году масштабы политических движений корейцев расширились. Однако в корейской общине возникли серьезные разногласия между теми, кто получил российское гражданство, и теми, кто его не получил, по поводу того, поддерживать ли Временное правительство Керенского и большевистский Совет. В конечном итоге русско-корейская община была интегрирована в состав Всероссийского корейского центрального собрания в январе 1918 года, а на втором заседании, состоявшемся в Уссурийске в феврале 1919 года, она была расширена до Корейского национального собрания, в которое вошли корейцы из Северного Кандо. Национальная ассамблея Кореи официально открылась 17 марта во Владивостоке после объявления Декларации независимости, доставленной из Сеула. (После взаимодействия с Временным правительством Шанхая и Временным правительством Хансона, которые были сформированы в апреле 1919 года, они были объединены во Временное правительство Шанхая в сентябре 1919 года. Чхве Джэ Хён был назначен министром финансов кабинета Временного правительства Шанхая.)

Движение 1 марта, зародившееся в Сеуле в 1919 году, распространилось за границу через Движение 13 марта в Северном Кандо (Ёнджон) и Движение 17 марта в Приморском крае. Во Владивостоке, находившемся под

Ворота Независимости и флаг, воздвигнутые в Синханчхоне 1 марта 1920 года (Источник: Пак Хван)

Памятник Декларации независимости Корё, установленный в Уссурийске в 1923 г. (Источник: Корейский культурный центр «Гёль», Вольгок-дон, Кванджу)

военным положением, демонстрация, запланированная на 15 марта, была временно приостановлена из-за задержек в подготовке русских и английских заявлений и запрета на проведение митинга со стороны российских властей. Утром 17 марта в Никольск-Уссурийске собралось значительное количество корейцев, которые объявили о независимости и начали демонстрацию. Во Владивостоке Декларация независимости, написанная на русском и корейском языках, была доставлена в генеральное консульство Японии в 16:00, а в 17:00 у домов корейцев в деревне Шинхан был поднят флаг. Начиная с 18:00 корейские студенты садились в машины и разъезжали по городу, размахивая корейским флагом. 1 марта 1920 года во владивостокском районе Синханчхон состоялась церемония, посвященная Движению 1 марта, с возведением деревянных ворот Независимости и поднятием государственного флага. Корейская община в России продолжала поддерживать дух 1 марта, ежегодно проводя в Уссурийске церемонию в честь Движения 1 марта.

Между тем, сразу после большевистской революции в октябре 1917 года Россия оказалась втянутой в гражданскую войну (1918-1922 гг.) между большевистской Красной армией и Белой армией, контрреволюционной силой, не признававшей большевистский режим. Когда революционное правительство в одностороннем порядке завершило войну с Германией (1918 г.), противостоявшие большевикам союзные войска начали вмешиваться в российскую гражданскую войну, поддерживая белых. В апреле 1918 года японские войска вошли во Владивосток в качестве интервентов, за ними последовали военные силы из США, Великобритании и Франции.

Александра Ким, первая корейская женщина-коммунистка, была членом Корейской социалистической партии, партийным секретарем и казначеем хабаровских большевиков. В сентябре 1918 года, во время вторжения белых войск в Хабаровск, она пыталась спастись на пароходе «Барон Корф», следуя вверх по реке Амур, но была арестована и 16 сентября была жестоко убита в так называемой «Долине смерти». После падения Владивостока и Хабаровска под натиском белых войск, началась борьба корейских партизан против белых и японских войск. В дальнейшем корейские партизанские отряды под командованием Хан Чхан Голя, Ким Кён Чхона и других участвовали в боях по освобождению Дальнего Востока и блестяще проявили себя, в том числе в битве при порте Ольга (ноябрь 1921 г.), битве при Имане (декабрь 1921 г.), битве

I. Читаем вместе историю корё сарам

при Волочаевке (февраль 1922 г.), что стало основой для дальнейшего освобождения Дальневосточного региона.

5 марта 1920 года, после поражения японских войск в порту Николаевск на Дальнем Востоке, японцы 4-5 апреля совершили карательную операцию против корейских партизан, совершив налет на корейский район Синханчхон во Владивостоке и устроив массовую резню корейцев. Подобные зверства были также совершены японскими войсками в Уссурийске, втором по величине городе Приморья, где был арестован и расстрелян Чхве Джэ Хён. Ежегодно 5 апреля в Уссурийске в Центре корейской культуры проводятся мероприятия по увековечиванию памяти жертв этих событий при поддержке корейского правительства, российской власти и корейской общины.

Хон Бом До, герой битвы при Бонодоне (июнь 1920 г.), переехал в город Свободный, сражаясь с карательными силами Кандо после битвы при Чхонсанри (октябрь 1920 г.). Однако из-за предательства русской Красной Армии и внутреннего раздора в корейских отрядах он столкнулся с разоружением в городе Свободный (июнь 1921 г.). После этого вооруженное движение корейской общины за независимость переместилось в Северо-Восточный Китай.

# Корейцы, обосновавшиеся на новой земле и преуспевшие в выращивании риса

Жизнь корейцев в Приморском крае претерпевала изменения. В 1894 году британский географ Изабелла Бишоп посетила дом Чхве Джэ Хёна в западном стиле и корейскую деревню в Ёнчху (Ан Чхи Хе). После посещения Приморья России она отметила: «Корейцы, которых я

Обложка оригинальной (слева) и переведенной версии (справа) «Корея и ее соседи»

I. Читаем вместе историю корё сарам

встретила в России, были трудолюбивыми, энергичными и жили в современных западных домах, получили современное образование и исповедовали Русскую православную веру». Она также выразила позитивное мнение о будущем корейцев, утверждая что: «Если корейцам предоставить лучшие условия, корейский народ сможет накопить богатство посредством упорного труда и бережливости и превратиться в современную индустриальную нацию».

Российские власти рассматривали корейцев, переселяющихся из Кореи, как потенциальных земледельцев, которые смогут освоить новые земли и стать дешевой рабочей силой для обеспечения продовольствия для российских жителей и военных. Поэтому из запасов продовольствия и резервов армии предоставлялись средства и ресурсы для переселенцев. В 1870-х годах, когда корейцы начали осваивать пустующие земли в южном Уссурийском крае, это решение показало свою эффективность. Ранее вся овсяная и ячменная продукция для военных закупалась в Китае, но вскоре необходимость в импортных поставках отпала. Более того, из-за избытка производства цены на зерно упали.

Между тем состоятельные корейские крестьяне, получившие российское гражданство, начали инвестировать в промышленность, торговлю и строительство жилья. В 1910 году только в округе Посьет насчитывалось 80 богатых купцов, 8 владельцев гончарных заводов и 15 владельцев соляных заводов. Среди состоятельных корейцев были также подрядчики, владеющие промышленными предприятиями и коммерческими компаниями, которые предоставляли материалы, продукты питания и рабочую силу как для государственных учреждений, так и для частных лиц. К 1917 году только во Владивостоке таких корейцев было 59, а в Никольск-Уссурийске — 17. Однако, хотя коммерческая деятельность корейцев приносила им большие прибыли, их основной отраслью по-прежнему оставалось сельское хозяйство.

Благодаря своему трудолюбию корейцы добились выдающихся достижений в области сельского хозяйства. Русские восхищались ими, отмечая: «Корейцы — прирожденные фермеры, которые могут возделывать овощные огороды и выращивать овес и просо даже на земле, которая кажется непригодной для сельского хозяйства. Даже каменистые участки, склоны гор, болотистые местности и даже тайга превращаются в плодородные земли благодаря их усилиям». Корейцы в основном выращивали просо, соевые бобы, кукурузу, овес и рис, при этом просо, рис и соевые бобы были первыми культурами, которые они начали культивировать в Дальневосточном регионе.

Корейский народ добился больших успехов в сельском хозяйстве. На самом деле эксперименты по выращиванию риса начались уже давно. После того, как первая попытка выращивания риса потерпела неудачу в конце 1870-х годов, эксперименты по выращиванию риса снова начали активизироваться примерно в 1905 году. Однако прежде чем выращивание риса стало успешным, потребовалось множество неудач и постоянные повторные попытки.

Шин У Гён, родившийся в Кильджу, провинция

Северный Хамгён, в течение нескольких лет посвятил себя исследованиям семян риса, импортируя семена из Хоккайдо, района производства риса, и возделывая небольшие рисовые поля. Ранней весной 1917 года он посеял семена с большой надеждой на успех. Рис был выращен без системы орошения. Сначала проросшие семена начали давать всходы, что свидетельствовало о первом этапе успеха. Проблема была в том, что пришлось ждать, пока ростки нормально вырастут. К счастью, семена риса прочно прижились и приспособились к почве. Они проявили стойкость к болезням и вредителям. Образовались здоровые плоды, а в начале октября начался сбор экспериментального урожая под наблюдением местных чиновников и жителей деревни.

Шин У Гён открыл путь к выращиванию сортов риса, которые могут адаптироваться к любому климату Приморья. Настоящее развитие рисоводства началось в районах около станции Городеково и вокруг озера Ханка, и вскоре рисоводство распространилось не только по Приморью, но и вдоль реки Амур в Амурской области и на других территориях Дальнего Востока. Позже, после гражданской войны, когда начала действовать советская социалистическая система, рисоводство стало активно развиваться в связи с коллективизацией и масштабной аграрной политикой. Среди корейцев стали организовываться кооперативы по выращиванию риса и колхозы.

Рисоводство играло новаторскую роль в корейских колхозах, составляя 41,6% от общего объема производства и 72,3% всей зерновой отрасли. При поддержке властей

Помолка зерна в корейской слободе в Уссурийске (Источник: Пак Хван)

площади посевов риса были значительно расширены: с 7978 гектаров в 1923 году до 20 664 гектаров в 1934 году. Технологии выращивания риса, разработанные корейцами, также показали значительные успехи в колхозах Центральной Азии после принудительного переселения в 1937 году. Особенно важно то, что производство риса сыграло значительную роль в обеспечении продовольствия Советского Союза в годы Второй мировой войны.

# Образование корейцев в Приморье

После окончания Гражданской войны и установления советской власти в 1922 году, жизнь корейцев в Приморье в 1920-е и 1930-е годы была особенной. Советский Союз реализовал национальную политику языкового образования для этнических меньшинств как часть своей социалистической политики, в результате чего корейцы жили, сохраняя свою национальную идентичность, возможно, более полно, чем кто-либо из корейцев, переживших японскую оккупацию. Они изучали родной язык как основной, писали и наслаждались литературой на родном языке, пели песни на корейском, читали изданные на родном языке газеты, беспокоились о будущем своей родины и поддерживали движение за ее освобождение. Хотя все это завершилось насильственным переселением в Центральную Азию в 1937 году, до этого времени корейцы Приморья смогли изучать, наслаждаться и развивать корейскую национальную культуру на российской земле.

В 1920-е и 1930-е годы Корея находилась под японским колониальным правлением, что привело к подавлению и запрету обучения на корейском языке. В отличие от этого, в

Советском Союзе, напротив, корейское образование активно поощрялось и поддерживалось. В то время как на Корейском полуострове корейский язык подвергался репрессиям, в Советском Союзе развивались и сохранялись традиции корейского языка, способствуя его дальнейшему развитию.

С самого начала корейской иммиграции Императорская Россия управляла государственными школами с целью русификации корейцев. В корейских деревнях строились монастыри и церкви, совершались крещения корейцев, претендующих на российское подданство, действовали церковные школы. До XX века корейское (этническое) образование в основном предоставлялось через школы, принадлежащие приходам Русской Православной Церкви, с целью русификации и христианизации. Образование на корейском языке и обучение китайской литературе в корейских школах, было запрещено.

После лишения суверенитета Кореи по японо-корейскому договору о протекторате 1905 года, многие патриоты пересекли реку Туманную и прибыли в Приморье и Восточную Маньчжурию с целью восстановления национального суверенитета. В частности, Приморье стало центром раннего движения за независимость, произошли изменения в национальном образовании. Корейский союз в Владивостоке, используя средства жителей, управлял школами Кедон, Седон и Шиндон. В октябре 1909 года эти школы были объединены и открыта новая корейская школа. В марте 1914 года, когда Народная ассоциация Синханчхон объединилась с «Квонопхве», Департамент образования

«Квонопхве» взял на себя управление Корейской народной школой. В то время «Квонопхве», выполнявшая обязанности автономной корейской организации, открывала национальные школы в каждом отделении и вечерние школы в районах, где было невозможно открыть школы.

В корейских школах проводили обучение, направленное на воспитание национального духа, включая пение песен. Тем временем Корейская школа стала центром собраний корейской общины, где проводились в основном лекции, посвященные независимости и возрождению Кореи. Представители нации, в том числе Ан Чхан Хо и Пак Ён Гап, выступали с речами о восстановлении национального суверенитета, а на лекции, посвященной Дню национальной независимости Кёнсуля (29 августа), собралось множество людей. Выступающие пропагандировали антияпонский дух, говоря: «Правление правительства незаконно, и давайте не забывать о национальном унижении и народной обиде».

В 1910-е годы было создано множество национальных школ, а в 1920-е годы наступил период национального возрождения не только в образовании, но и в культуре, искусстве и средствах массовой информации. Корейские школы в Синханчхоне и школа Мёндон в Ипхо (Липохо) были примерами таких учреждений. В созданной в 1924 г. Владивостокской 9-летней образцовой корейской средней школе обучались 607 учащихся (19 учителей), а в 1925/26 учебном году все корейские школы стали финансироваться из государственного бюджета.

В 1920-1930-х годах для корейцев Приморья советское

образование стало настоящей «революцией» в области жизни и духа. Первоначально остро стоял вопрос выживания, но образование стало для корейцев своего рода пропуском в новый мир. Благодаря советскому образованию корейская община избавилась от неграмотности и получила доступ к современному образованию. Именно образование предоставило социальную основу для того, чтобы корейцы могли достойно жить как граждане своей второй родины — Советской России.

В то время корейские школы, разбросанные по всему Дальнему Востоку Советского Союза, составляли 8,5% всех школ региона. Учитывая тот факт, что 8% жителей Дальнего Востока были корё сарам, количество школ корё сарам было немаленьким. Однако количество средних школ было крайне недостаточным. Не хватало не только учителей, но и учебников по корейскому языку, а школьные помещения находились в старом и изношенном состоянии, что делало невозможным их эксплуатацию во многих местах. Несмотря на эти обстоятельства, стремление к образованию только усиливалось. Корейцы, отказавшиеся от мысли вернуться на родину и стремившиеся к успешной жизни в Советской России, активно проявляли желание изучать русский язык. Они постоянно просили открыть курсы русского языка в корейских школах, но найти русских учителей было сложно, и до начала 1930-х годов акцент в образовании оставался на корейском языке.

Политика образования корё сарам на родном языке в конечном итоге сыграла ключевую роль в формировании их идентичности. Если бы Советский Союз не реализовал политику образования на родном языке, корё сарам были бы поглощены системой образования на русском языке, и было бы трудно найти даже следы родного корейского языка. Советская национальная политика активно поощряла и законодательно закрепляла образование и использование родных языков этнических меньшинств. Преподавание на корейском языке велось в начальных, средних и профессиональных школах, а также в университетах. Были опубликованы сотни книг, написанных на корейском языке. В январе 1936 года Народный комитет образования СССР принял решение о том, что в корейских школах будет преподаваться не только корейский язык, но также русский язык и литература. Однако эта мера была нереалистична для этих школ, в которых не было русских учителей, а ученики не могли понимать уроки по-русски. Независимо от того, была ли это корейская литература или русская литература, любое образование было невозможно без профессиональных преподавателей и учебных материалов.

Обучение корейских учителей началось в 1923 году, когда в Уссурийске была открыта кафедра корейского языка в Российском педагогическом училище с целью подготовки корейских преподавателей.

В первом наборе учились 21 корейских студента. В 1924 году было создано независимое Корейское педагогическое училище, которое начало набирать студентов, окончивших 7 классов российской средней школы. На момент открытия училища преподавались только предметы на корейском

Корейское педагогическое училище в
Уссурийске

Дальневосточный корейский педагогический
университет во Владивостоке

языке, такие как корейский язык, география и история, тогда
как остальные предметы преподавались на русском.

Осенью 1924 года корейское отделение получило
официальное признание как учебное заведение. Число
студентов, постепенно увеличивалось, и в 1925/26 учебном
году обучалось 63 студента. Всего через три года, в июле 1926
года, училище впервые выпустило около десяти выпускников.
В 1927 году корейское отделение, входившее в состав
Никольск-Уссурийского педагогического училища, стало
самостоятельным как «Корейское педагогическое училище».

В 1931 году во Владивостоке был открыт
Дальневосточный корейский педагогический университет.
Первым названием университета было «Дальневосточный
корейский международный педагогический университет»,
и в него также набирались китайские студенты. Однако с
1933/34 учебного года китайские студенты не принимались,
а с 1934/35 учебного года название школы было изменено на
«Дальневосточный корейский педагогический университет».

I. Читаем вместе историю корё сарам

Дальневосточный корейский педагогический университет был создан с целью подготовки учителей средних школ. Издание «Сонбон» сравнивало данное учебное заведение с Императорским университетом Кёнсон в Корее, критикуя последний как «филиал Токийского императорского университета». Утверждалось, что «Императорский университет в Кёнсоне» преподавал на японском языке и что корейские студенты составляли лишь 18–19% от общего числа студентов. Дальневосточный корейский педагогический университет был единственным корейским университетом. Университет в Яньбяне в Китае был основан только в 1949 году.

30 июня 1935 года в 7 часов вечера в театре имени Максима Горького во Владивостоке состоялся первый выпуск Дальневосточного корейского педагогического университета. Помимо студентов, на выпускном вечере присутствовали руководители партийных и советских организаций Приморского края и Владивостока, а также представители заводов, учреждений культуры и общественных организаций.

После церемонии вручения дипломов Корейский театр Владивостока в качестве поздравительного спектакля поставил спектакль «Северо-Восточная линия». Первый выпускной класс составил 17 человек. За исключением нескольких из них, остальные уже имели опыт преподавания. В частности, было трое бывших партизан и только одна студентка. Из 17 студентов 7 закончили обучение с отличием, а остальные 10 — со средними оценками. Их отправили в средние или начальные средние школы, и они могли вести занятия как на русском, так и на корейском языках. Второй выпуск 1936 года окончили 16 учеников. Из них восемь были учителями истории и восемь — учителями математики и физики. За два выпуска было подготовлено 33 учителя. В Приморье начала формироваться национальная система образования.

# Корейская пресса в Приморье

26 февраля 1908 года в Кэчхокри, Владивосток, Россия, вышла первая корейская газета «Хэджо Синмун». «Хэджо Синмун» означает «газета, созданная корейцами, живущими в Хэсамви (китайское название Владивостока)». Газета издавалась с целью восстановления национального суверенитета и помощи соотечественникам. Президентом был Чхве Бон Джун, издателем и редактором — Чхве Ман Хак и Дуков, главными редакторами — Чон Сун Ман (выпуски с 1 по 5) и Чан Джи Ён (выпуски с 6 по 75), редактором — Ли Кан. Газета распространялась не только в Приморье, но и в Сеуле и Пхеньяне. В ней освещались вопросы национального единства, действия партизан, японская агрессия, а также вопросы просвещения и культуры среди корейцев.

Когда «Хэджо Синмун», издававшаяся в Приморье России, распространилась на Корейский полуостров и повлияла на антияпонское сознание, Генеральная резиденция Японии внесла поправки в Закон о газетах, принятый в июле 1907 года, чтобы запретить и изъять газету. Президент Чхве Бон Джун закрыл последний выпуск № 75 26 мая 1908 года, поскольку дела стали затруднены из-за давления со стороны Японии. После закрытия «Хэджо синмун» корейцы передали печатное оборудование и другие ресурсы для создания новой газеты и в ноябре 1908 года вышла новая газета «Тэдонгонбо». Президентом был Чха Сок Бо, издателем и редактором — Ю Джин Рюль, а главными редакторами — Кан Ли и Чон Джэ Гван. После того, как издание было временно закрыто из-за трудностей, с марта 1909 года руководство взял на себя Чхве Джэ Хён. Газета рассылалась не только в Россию, но и в Корею, Китай, США, Мексику, Великобританию и Японию и выходила два раза в неделю тиражом около 1500 экземпляров. Газета освещала события в Корее, особенно критикуя японскую агрессию.

В 1909 году Ан Джун Гын, узнав из газеты «Тэдонгонбо» о визите Ито Хиробуми в Харбин, запланировал убить Ито Хиробуми. В 1910 году, когда Корейский полуостров был полностью колонизирован Японией, «Тэдонгонбо» призвал народ бороться против Японии. Под давлением японских властей газета была закрыта в 1910 году. Когда «Тэдонгонбо» была закрыта, корейцы начали подготовку к изданию новой газеты и запустили «Тэянбо» (Океанские новости) в июне 1911 года. Однако, чтобы помешать выпуску газеты, Япония приказала секретным агентам, обученным в Генеральном консульстве Японии во Владивостоке, украсть шрифт газеты, что привело к прекращению выпуска «Тэянбо».

Когда «Тэянбо» закрыли, корейцы подготовили «Квоноп Синмун». «Квоноп Синмун» был основан в апреле 1912 года как орган «Квонопхве». В 1912 году в Чите был основан журнал «Тэханинджонкёбо». Все они носили антияпонский

Хэджо Синмун          Тэдонгонбо          Квоноп Синмун

характер. Главными редакторами «Квоноп Синмун» были
Шин Чхэ Хо, Ли Сан Соль, Ким Ха Гу и Чан До Бин.
Япония оказала давление на Россию, чтобы запретить
публикацию «Квоноп Синмун». Выпуск «Квоноп Синмун»
был прекращен после выхода 126-го выпуска в сентябре 1914
года.

1 марта 1923 года газета «Сонбон», предшественница
«Ленинского знамени», издавалась как орган Приморского
губернского комитета партии. На момент первой публикации
название было «Самвольириль» (Первое марта), но начиная
с 4-го выпуска название было изменено на «Сонбон».
Тираж составлял 3000–4000 экземпляров. В апреле 1929
года, когда органом выпуска стал Дальневосточный
пограничный комитет Российской коммунистической партии
и Дальневосточный погрансовет Оккупационного союза,
редакция «Сонбон» переехала в Хабаровск. В 1933 году
«Сонбон» снова вернулся во Владивосток, а 12 сентября 1937

года выпуском № 1644 деятельность была приостановлена, затем переехал в Кызылорду, Казахстан. Журналисты и сотрудники «Сонбона» перевезли печатное оборудование в поезде для принудительного переселения. 15 мая 1938 года в Казахстане газета была издана под новым названием «Ленинское знамя».

Газета «Сонбон», расположенная в корейском районе Синханчхон Владивостока, была не просто новостным изданием, а ключевым центром информации между Кореей и Советским Союзом. Она играла центральную роль в формировании, поддержании и развитии корейской этнической идентичности и оказала огромное влияние на образование и культуру на корейском языке. Без «Сонбона» развитие уникальной корейской общинной культуры, сосредоточенной вокруг корейского языка, было бы невозможно. Редакция «Сонбон» фактически была

Старейшая зарубежная корейская газета, название которой изменилось с «Сонбон» на «Ленинское знамя» и «Корё Ильбо»

руководством «Восточного корейского литературного круга». Она не только непосредственно организовывала конкурсы и рецензировала литературные произведения, но и создала постоянную рубрику «Литературные страницы» для регулярного представления корейских литературных произведений. Благодаря этому в 1920–1930-е годы корейцы могли наслаждаться литературой на родном языке, будучи как создателями, так и читателями, даже находясь далеко от родины. В тот период корейские писатели восхищались русскими авторами, такими как Пушкин, Толстой, Достоевский и Чехов, а корейская литература находилась под давлением японской оккупации. Это подчеркивает особую историческую ценность советской корейской литературы того времени.

# Культура и искусство корейцев Приморья

Активная деятельность в области театрально-сценических искусств корейцев Приморья началась после установления советской власти в 1923 году.

С образованием Советского Союза в 1923 году советская власть, стремясь вовлечь национальные меньшинства в социалистическую систему, начала использовать искусство как средство пропаганды социалистической идеологии и признания культурного разнообразия меньшинств. Во время японской оккупации в 1921-1922 годах выступление корейского коллектива Приморского края в Кёнсоне (Сеул) пользовалось большой популярностью, привлекая огромное количество зрителей.

## Выступление корейского коллектива в Кёнсоне

29 апреля 1921 года в 8 часов вечера Центральный молодежный центр «Чонно» был переполнен людьми, которые хотели увидеть выездное выступление корейской студенческой музыкальной группы «Хэсамви»,

организованной корейскими студентами, выросшими в России. Официальной целью их визита был сбор пожертвований и средств на строительство церкви, чтобы помочь корейцам, пострадавшим от трудностей из-за продолжающейся засухи и гражданской войны, последовавшей за социалистической революцией. Их тепло встретили в 15 городах и в общей сложности они выступили 23 раза. Их выступления, включавшие классическую инструментальную музыку, западные народные танцы (русские, испанские, венгерские), вокальные номера и исполнение на русских народных инструментах, представили корейскому обществу новые формы искусства, способствуя популяризации западных народных танцев и вальсов в стране.

Русско-корейская художественная труппа Приморья трижды в течение двух лет с 1921 по 1922 год посещала Корею. ① 1921 г. Студенческая музыкальная группа «Хэсамви Чосон» (22 апреля Хэсамви ~ 4 июня Кёнсон) около 44 дней; ② Развлекательная группа Молодежной ассоциации «Хэсамви Чхондогё» в 1922 году (14 апреля Вонсан ~ 10 августа Чхонджин) около 119 дней; ③ 1922 г. Христианская студенческая музыкальная группа «Хэсамви» (1 июля Хэсамви ~ 9 августа Кёнсон) около 38 дней.

Чо Тэк Вон, который был известен как один из «троицы новаторских танцоров», вместе с Чхве Сын Хи и Пэ Гу Ча в 1930-х годах, был очарован русским народным танцем гопак и начал заниматься танцами, научившись танцу гопак у Пак Саймона, который был членом студенческой музыкальной труппы «Хэсамви Чосон». Критик Пак Ён Гу подчеркивал: «Выступление корейской студенческой музыкальной труппы «Хэсамви» — событие, заложившее основу для принятия западного танца в Корее и являющееся важным событием, сыгравшим важную роль в популяризации современного танца в корейской истории».

Чо Тэк Вон исполняет танец гопак на третьем представлении Товольхве «Любовь и смерть» в 1922 г.
(Источник: «Yonhap News», 2012.2.7)

## Исполнительское искусство корейцев в Приморье

В 1920-е и 1930-е годы социалистический Советский Союз сталкивался с двумя ключевыми задачами для утверждения легитимности социалистического строя. Первая заключалась в интеграции различных этнических меньшинств в Советском Союзе в систему, а вторая заключалась в том, чтобы привлечь внимание широкой общественности к социалистической идеологии как национальной системе управления. Для достижения этой цели они использовали средства искусства и, в частности, не жалели усилий для экономической и политической поддержки возрождения сценического искусства, которое оказывает большое воздействие на публику.

Корейцы, как часть советского народа, смогли организовывать свои художественные коллективы и заниматься ограниченной национальной художественной деятельностью в рамках социалистического режима.

Они создавали любительские танцевальные и музыкальные ансамбли, а также театральные группы на основе трудящихся молодежи, которые выступали в своих колхозах и организовывали гастроли в другие населенные пункты, представляя разнообразные музыкальные, танцевальные и театральные номера. Эти усилия привели к основанию Приморского корейского театра в сентябре 1932 года. Период накануне принудительного переселения был расцветом корейского искусства в Приморье, и корейцы смогли получить официальное признание своего творчества, участвуя во Всесоюзном фестивале радиовещания и Всероссийском художественном конкурсе «Дальневосточный рубеж».

Помимо оркестра «Чхондогё», действовавшего в Приморье еще до русской революции, в различных регионах и профессиях появлялись различные малые оркестры, а в труппах корё сарам всегда были музыканты, певцы, композиторы (и аранжировщики). Их деятельность продолжалась даже после эмиграции в Среднюю Азию, а в деревнях с жителями корё сарам всегда существовали небольшие музыкальные коллективы. Они не только оживляли атмосферу на торжествах, но и играли важную роль на похоронах, сопровождая процессии и ведя их.

Корейское сценическое искусство в Советском Союзе можно охарактеризовать как продолжение влияния советской культуры, основывающееся на деятельности любительских художественных коллективов и трудящихся молодежных театров, что привело к созданию Приморского корейского театра. Особое внимание стоит уделить корейским народным песням, которые начали развиваться с началом радиовещания на корейском языке. Это дало толчок как к сохранению традиционных песен, так и к созданию новых произведений.

## Корейское радиовещание в Приморском крае и фестиваль радиовещания бывшего СССР

С развитием науки и техники в конце XIX века появилось радио и кино, расширившие возможности досуга. Советский Союз активно содействовал распространению радио и кино в качестве средств социалистической пропаганды. В 1928 году Советской партией был создан корейский радиовещательный комитет, и 8 апреля в Приморском крае началось вещание корейского радио. Корейское радио транслировало передачи раз в две недели по воскресеньям с 18:00 до 20:30, продолжительностью два с половиной часа. Хотя изначально это было средством распространения социалистической идеологии, оно также позволило корейцам, не знавшим русского языка, узнать о международной ситуации и социальных проблемах, а также дало возможность продемонстрировать музыкальный талант корейцев и корейские песни по всему Советскому Союзу.

7 марта 1936 года в Москве на первом Всероссийском радиофестивале участвовал корейский хоровой ансамбль из Приморья, возглавляемый корейским композитором и режиссёром Ён Сон Ёном. Выступление хора транслировалось по всему Советскому Союзу через радиостанцию Коминтерна. Корейский хор состоял в общей сложности из 30 участников — профессиональных и непрофессиональных музыкантов разных профессий. За три месяца они подготовили 35 песен, включая традиционные народные, революционные и современные песни. На фестивале прозвучал ряд песен, в том числе традиционные народные песни «Нальгэ Тарён», «Сантарён», «Токки Хвасан», а также революционные песни «Утреннее пробуждение» и «Штурмовая рыбацкая лодка». Традиционные народные песни исполнялись под аккомпанемент традиционных инструментов, а современные песни — под аккомпанемент фортепиано. Более половины современных и революционных песен были произведениями Ён Сон Ёна. А сольная работа Ли Николая «Злые волны» была отмечена за артистизм высшим баллом среди участников.

## Театр рабочей молодежи и Дальневосточный корейский театр «Пёнган»

В советское время деятельность рабочих и молодежных театров активно поддерживалась и поощрялась как форма социалистической пропаганды. Корейский театр, который в настоящее время является центром исполнительского искусства для корейцев в странах СНГ, также начинался как Театральная труппа рабочей молодежи. С конца 1920-х по начала 1930-х годов активно действовали несколько театральных кружков, возглавляемых рабочими и молодежью. Среди них выделялись театральные группы Владивостокской табачной фабрики, Синханчхона, Образцовая корейская средняя школа № 8 Владивостока, Крестьянская молодежная школа в селе Пучиловка (Юксончхон), театральный кружок Никольск-Уссурийского педагогического училища.

Театр корейской рабочей молодежи, основанный во Владивостоке, был сформирован из 30 участников под руководством Ём Са Иля и режиссера Ён Сон Ёна 9 сентября 1932 года и стал основой Дальневосточного корейского театра «Пёнган». В 1932–1937 годах была заложена основа корейского театра как театральной труппы и создан сценарий национальной пьесы. Помимо сценических версий классических произведений, таких как «Чхунхянджон» и «Симчхонджон», были осуществлены различные проекты под влиянием социалистического реализма, разоблачающие абсурдность общества, такие как «Факел Чанпёндона», «Партизан Тонбёна», «Сондо Сансопи», и русской классики.

Были различные попытки, в том числе адаптации русской классики. Родились выдающиеся режиссеры, писатели и актеры, которые заложили основы художественного уровня театра, в их числе Ён Сон Ён, Чхэ Ён, Тэ Чан Чхун, Чхве Гиль Чхун и Ли Хам Док.

## Самодеятельные художественные коллективы и этнические художественные конкурсы

После социалистической революции в Советском Союзе активно развивалась деятельность самодеятельных художественных коллективов, то есть коллективов непрофессиональных артистов. Основная причина активизации таких коллективов заключалась в том, что власти использовали художественное искусство для обучения и просвещения рабочих как социалистических граждан, а также для пропаганды идеалов социализма. Искусство, которое раньше было доступно только аристократии, стало доступным для крестьян и рабочих, что позволило им не только наслаждаться досугом, но и активно участвовать в художественной деятельности, ощущая социальное равенство и справедливость. Кроме того, через различные мероприятия, такие как фестивали, художественные конкурсы и представления, у людей появилась возможность продемонстрировать себя и получить признание и поддержку. Таким образом, население, участвуя в фольклорных художественных ансамблях, как этническое меньшинство в социалистическом государстве, получало ощущение принадлежности к социалистическому обществу и удовлетворение от социалистического государства, что также служило политической цели интеграции в период социалистического режима.

Когда важность сценического искусства стала очевидной, корейцы начали активно заниматься созданием и поиском произведений в этой области. В течение двух лет, с 1928 по 1929 год, было проведено три конкурса корейского искусства, на которых были представлены новые произведения в области театрального искусства, песни, музыкального исполнения и танцев. Газета «Сонбон» также регулярно проводила конкурсы на написание театральных пьес и песен. Эти усилия в области продвижения

Появление членов сталинского клуба Ёнэбу Хэсама Синханчхона на конкурсе искусств в Пёнгане (Источник: «Сонбон», 1936.11.12)

I. Читаем вместе историю корё сарам

национального искусства корейцев особенно проявились на конкурсах. Первый всесоюзный конкурс национального искусства самодеятельных театров, который состоялся в Москве в августе 1932 года, стал началом активного развития и популяризации национального искусства для широкой публики по всему Советскому Союзу.

# Корейская литература в Приморье

Правительственные учреждения в районе Посьет Приморского края, где более 90% жителей составляли корейцы, вели дела на корейском языке. Советское правительство развернуло широкую кампанию по искоренению неграмотности среди корейцев и открыло в каждой деревне центры по обучению взрослых. Поэтому большинству корейцев удалось избавиться от неграмотности в начале 1930-х годов.

В то же время, уровень грамотности корейцев в то время составлял всего 22%. Корейцы в Советском Союзе научились читать и писать на своем родном языке, а не на русском, что создало ироничную ситуацию, в которой корейский язык сохранялся за пределами Кореи.

Основы советской корейской литературы были заложены еще в период формирования корейского дальневосточного литературного кружка и важную роль в этом процессе сыграла газета «Сонбон». С 1928 года произведения, которые можно было бы назвать «литературой», начали размещаться на страницах «Сонбона». В основном это были песни с новыми текстами или стихи, имевшие простую поэтическую форму. Таким образом газета «Сонбон» и ее редакция сыграли ключевую роль в формировании дальневосточной корейской литературной группы. Газета выполняла функции не только партийного органа Советского Союза, но и средства связи и обмена информацией внутри корейской общины. Газета «Сонбон» часто публиковала объявления о литературных конкурсах, а редакция «Сонбон» отвечала за сбор, отбор и публикацию представленных произведений.

В 1928 году в выпуске «Сонбон» от 1 апреля была открыта рубрика под названием «Культурная революция», а 20 апреля начала выходить рубрика «Читательская литература». Два стихотворения были представлены в качестве первых произведений в разделе «Читательская литература». Это «У моря» и «Весна идет», написанные поэтом по имени Чон Ин. Оба стихотворения представляли собой чистую поэзию с романтическим содержанием, казалось бы, не связанным с политической пропагандой. «У моря» описывало морские пейзажи, а «Весна идет» содержала послание надежды на лучшие дни. И ««море», и «весна» символизировали великое будущее Советского Союза.

Среди писателей корейского дальневосточного литературного кружка были Ким Джун, студент Академии труда Дальневосточного национального университета 1928 года; Чон Дон Хёк, студент Никольск-Уссурийского пединститута; Ён Сон Рён, сценарист и режиссер 1920-х и 1930-х годов; а также Ким Се Иль, автор известного романа «Хон Бом До». Ким Джун стал известен благодаря произведению «Сэнончхон», занявшему первое место на 2-м художественном конкурсе. Стихотворение Чон Дон Хёка «Весна», опубликованное в 1928 году. Конечно, «весна» здесь метафорически символизирует «социализм».

Произведение Ён Сон Рёна «Вонхян», которое впервые было представлено в газете «Сонбон» в номере от 17 мая 1928 года. В то время он учился в 9-летней школе Синханчхон № 2. Ким Се Иль дебютировал в мае 1930 года, он представил свои стихи на выставке «Весенние песни» в разделе «Читательская литература». Среди типичных произведений Ким Се Иля, вошедших в литературный мир — «На рыболовном участке Моко (Посьет)» (июль 1930 г.), «Поднимите мотыгу» (август 1930 г.) и «Маяк Посьета» (ноябрь 1930 г.). Ким Се Иль родился и вырос в районе Посьет.

Корейская литература в Приморье и корейская литература в Советском Союзе стали активно развиваться под руководством Чо Мён Хи, прибывшего во Владивосток в июле 1928 года. Чо Мён Хи участвовал в редактировании «Сонбона» и преподавал корейский язык и литературу в Уссурийске (Крестьянская молодежная школа Юксончхон, Уссурийское корейское педагогическое училище) и во Владивостоке (Корейский педагогический университет), став основателем корейской литературы в Советском Союзе. Он был членом Корейского пролетарского союза художников (KAPF), и его произведение «Растоптанное Корё» было опубликовано в «Сонбон» (7 ноября 1928 г.). На тот момент он находился во Владивостоке и публиковал свои стихи под псевдонимом Чо

Сэн.

«Прошло много времени с тех пор, как невежественные ноги японского империализма ступили на землю Корё. Они опутали всю землю Корё армией, полицией, законами и тюрьмами. Они связали рты, глаза, уши, руки и ноги всего народа Корё. Они пожирают все фабрики, рудники, шахты, и гонят толпы рабов и рабынь, безжалостно обдирая с них кровь и плоть кнутом... [далее по тексту] ... Пролетарии Корё! Для них существует только смерть. Погибель и смерть! Но мы не отчаиваемся. Потому что мы верим в свою силу — потому что в наших иссохших кулаках скрыта великая воля к священной борьбе, которая сокрушит врага...».

Здесь виден типичный пример советского агитационного эпоса. После публикации «Растоптанного Корё» корейцы стали чаще использовать название «корё сарам», чем «Чосон сарам». Будучи корейцами, но, приняв советскую социалистическую культуру, они стали «советскими корейцами».

Помимо корейской газеты «Сонбон», Чо Мён Хи также редактировал журнал «Родина трудящихся». В 1934 году он вступил в Союз советских писателей, в 1935 году переехал в Хабаровск и жил в «Доме писателя», предоставленном советским правительством. В 1937 году он был арестован как интеллигент и расстрелян в 1938 году. Чо Мён Хи, имевший репутацию просветителя и писателя, символизировавшего корейскую общину Приморья, был «воскрешён» в

Здание крестьянской юношеской школы в с. Пучиловка (Юксончхон), Приморский край

Литературный музей Чо Мён Хи в Чинчхоне

Средней Азии и Приморье после перестройки. В 1988 году в Ташкентском литературном музее в Узбекистане открылся Литературный музей Чо Мён Хи, а в 2006 году во Владивостоке Приморского края был установлен памятник Чо Мён Хи. Кроме того, 14 мая 2015 года в его родном городе Чинчхон, провинция Северный Чхунбук, открылся Литературный музей Чо Мён Хи. Корё сарам и корейцы, живущие на корейском полуострове, которые хотят понять, могут познакомиться с жизнью корё сарам, полной изгнаний, найти следы Чо Мён Хи в Приморском крае и посетив Литературный музей Чо Мён Хи в Чинчхоне.

# Новая история жизни в Центральной Азии

- Сталинская репрессия
- Ким Ман Сам из казахстанского колхоза «Сонбон» стоит в авангарде
- Узбекистан, колхоз Ким Бён Хва «Полярная звезда»
- «Корё Ильбо» и театр «Корё», объединившие корейцев в единое целое
- «Кобонджиль», в поисках более обширных сельскохозяйственных угодий

Насильственное переселение корейцев в Центральную Азию в 1937 году стало величайшей трагедией за 5000 лет корейской истории. Обвиненные в шпионаже и вынужденные жить как депортированный народ, корейцы были распределены по колхозам и совхозам, более половины из них попало в сельские районы. Когда в 1941 году началась война между Советским Союзом и Германией, корейцы в основном были включены в трудовую армию, выполняя работу в тылу. Однако некоторые корейцы сражались в действующей армии и внесли вклад в победу Советского Союза.

Корейцы, обладая выдающимися навыками в сельском хозяйстве, использовали свою огромную жизненную силу, чтобы превратить луга и тростниковые поля Средней Азии в плодородную почву, а число корейцев, получивших медали «Героя социалистического труда», достигло 209 человек. После смерти Сталина в 1953 году корё сарам восстановили свою честь и смогли занять ключевые позиции в различных областях деятельности, добившись успеха в политической, деловой, юридической и религиозной сферах, а также добились возрождения средств массовой информации («Ленинское знамя») и театрального искусства — Корейский театр. Пять разделов жизни корейцев в Центральной Азии.

# Сталинская репрессия

В 1937 году Народный комиссариат Советского Союза и Центральный комитет Коммунистической партии (большевиков) бывшего Советского Союза приняли решение о беспрецедентном, бесчеловечном принудительном переселении под предлогом предотвращения шпионажа на Дальнем Востоке. Решение содержало 12 пунктов, в том числе о переселении всех корейцев дальневосточной приграничной зоны в Южный Казахстан, окресности Аральского моря, район озера Балхаш и Узбекскую ССР с требованием завершения этого плана до 1 января 1938 года. Более того, 24 августа 1937 года нарком внутренних дел Ежов направил телеграмму председателю НКВД Дальнего Востока Люшкову с приказом срочно арестовать корейцев и контрреволюционеров, подозреваемых в антисоветской деятельности и шпионаже в приграничных районах, и передать их судебным органам. Около 2500 лидеров и представителей корейской интеллинции, в том числе Ким Ман Гём, Ким Михаил, Ким Афанасий, Нам Ман Чхун, Пак Мин Ён, Пак Джин Сун, О Ха Мук, Ли Бон Су, Чо Мён Хи, Чхве Сон Хак и Хан Мён Се были арестованы, и большинство из них казнены. Началась принудительная депортация.

9 сентября 1937 года с железнодорожной станции Раздольное, расположенной между Владивостоком и Уссурийском, отправился первый поезд принудительной депортации. Этот поезд был грузовым, предназначенным для перевозки грузов, и состоял из 50-60 вагонов. Вагоны были предназначены для перевозки грузов, и в них не было окон, была только дверь с одной стороны. Внутри было тесно и грязно. Люди съеживались, как скот, которого ведут на бойню, и молчали. Поезд ехал целый месяц.

25 октября 1937 года вынужденная миграция корейцев с Дальнего Востока практически завершилась. Насильно переселенные корейцы представляли собой разнообразные группы, включая коммунистов, комсомольцев, директоров и учителей советских партийных школ, учителей-фронтовиков, агентов органов безопасности, бывших корейских партизан и студентов высших учебных заведений. 29 октября 1937 года нарком внутренних дел СССР Ежов отправил итоговый отчет председателю Совета народных комиссаров СССР Молотову, в котором сообщалось, что 25 октября 1937 года выселение корейцев из Дальнего Востока было завершено. Всего было переселено 171 781 человек (36 442 семьи) на 124 вагонах, и примерно 700 человек осталось в специальной выселенной группе. Из них 76 525 человек (16 272 семьи) были переселены в Узбекистан, а 95 256 человек (20 170 семьи) — в Казахстан. Однако выселение корейцев не ограничивалось только Центральной Азией. Они также были переселены

в Мурманск, Архангельск, Москву, Ухту, Тулу и другие регионы европейской части России, и в 1940-х годах снова столкнулись с трудностями повторного выселения. Смерть Сталина фактически положила конец принудительным выселениям.

# Ким Ман Сам из казахстанского колхоза «Сонбон» стоит в авангарде

Сразу после вынужденной миграции корейцы встречали 1940-е годы, организовав колхозы в различных местах. Они начали преодолевать трудности и адаптироваться к новым условиям. Одной из областей, в которой корейцы значительно способствовали развитию советского сельского хозяйства, было рисоводство. Колхозы по выращиванию риса, управляемые корейцами, демонстрировали высокие урожаи, что способствовало проведению Советским Союзом политики тяжелой промышленности и военной экономики. В частности, Ким Ман Сам, руководитель отряда колхоза «Сонбон» Чилинского района Кызылординской области, начал выделяться как специалист по сельскому хозяйству с первых дней организации колхоза. Еще в период проживания в Приморье он продемонстрировал выдающиеся способности в сельском хозяйстве и также проявил себя как талантливый строитель.

В сентябре 1938 года, примерно через год после организации, колхоз «Весна» Чилинского района Кызылординской области наградил колхозников, добившихся отличных результатов по итогам проведения строительных работ. Первые призы получили Ким Кён Сам, Пак Ёк Ын, Хо Рю Ба и Ким Ман Сам. В частности, Ким Ман Сам отличился, выполнив задание на 150%. В 1940 году Ким Ман Сам был удостоен почетного ордена Верховного Совета

Ким Ман Сам

Казахской ССР и центральных советских властей. Его имя стало известно не только в корейской общине, но и по всей территории Советского Союза.

Трудолюбие Ким Ман Сама стало символом и примером для всех корейцев. Его земледельческие навыки вызывали восхищение у окружающих народов. Он всегда лидировал в колхозном рисоводстве, выполняя план на 150–200 процентов каждый день, как только начал заниматься земледелием. В 1941 году бригада, к которой принадлежал Ким Ман Сам, собрала в среднем 60 центнеров риса с 19 гектаров, а с 10 гектаров — в среднем 100 центнеров.

Кроме того, Ким Ман Сам был человеком, признанным партией, в том числе активным в первичной партийной ячейке колхоза «Сонбон», в которой насчитывалось около 50 членов партии. Будучи бригадиром 3-й бригады, Ким Ман Сам поднял свою бригаду до позиции передовой в колхозе. Источник достижений Ким Ман Сама можно найти в лаборатории сортов риса. В экспериментальной лаборатории сортов риса под руководством Ким Ман Сама было проведено экспериментальное выращивание 21 сорта риса, и благодаря его неустанным усилиям в 1942 году был установлен удивительный рекорд — урожайность достигла 15 тонн с гектара.

Метод выращивания риса Ким Ман Сама получил широкое распространение по всей Казахской Республике. В 1945-1946 годах Ким Ман Сам дважды был награжден Орденом Трудового Красного знамени, а в 1947 году ему была присуждена Сталинская премия. Технологии выращивания риса Ким Ман Сама впечатлили местных жителей. Многие люди хотели научиться у него методам выращивания риса. Среди его многочисленных учеников был Ибрай Захаев, казах, руководитель рисоводства в соседнем колхозе «Кызыл-ту», лауреат Сталинской премии, герой труда, он успешно продолжал переданные Ким Ман Самом знания и грамотно использовал его навыки выращивания риса. Самоотверженный труд корейцев был высоко оценен наградами советских властей. Из 3861 человек, получивших в 1946–1947 годах медали «За отличный труд в Великой Отечественной войне 1941–1945 годов», более 1000 были корейцами. Корейцы были выдающимися специалистами в области сельского хозяйства.

# Узбекистан, колхоз Ким Бён Хва «Полярная звезда»

Корейцы в Узбекистане жили так же, как корейцы в Казахской Республике. Среди многочисленных корейских колхозов, в частности, можно выделить Ким Бён Хва (1905-1974 гг.), героя, который все семьдесят лет работал над развитием колхоза и поднял его на высшую позицию в стране. Колхоз показал выдающиеся успехи, как и колхоз Ким Ман Сама из Казахской ССР и колхоз «Сонбон». Ким Бён Хва из Чепигоу района Суйфун Приморского края начал работать в возрасте 18 лет. Ким Бён Хва вступил в Коммунистическую партию в 1927 году и в Красную Армию в октябре того же года, завершив свою долгосрочную военную службу в 1939 году.

В этот период времени колхоз «Полярная звезда», находившийся на Дальнем Востоке, был переведен в Среднечирчикский район Ташкентской области Узбекистана, Ли Бон Хо возглавлял данный колхоз с 1938 года. Ким Бён Хва, завершивший военную службу в звании офицера запаса, сначала начал руководить строительными работами в колхозе «Сэгиль» в Среднечирчикском районе. Однако вскоре с 1940 года Ким Бён Хва был избран представителем колхоза «Полярная звезда». С этого момента Ким Бён Хва начал новаторскую деятельность в колхозном сельском хозяйстве. Ким Бён Хва добился выдающихся успехов в области сельского хозяйства и строительства в колхозе. В 1940-е годы в колхозе «Полярная звезда» помимо пшеницы, риса и овощных культур начали выращивать хлопок. Во время Великой Отечественной войны колхоз «Полярная звезда» собрал 867 тонн пшеницы и 163 тонны хлопка, и на этой основе пожертвовал на производство истребителей 2,211 миллиона рублей. В 1944 году в колхозе была построена гидроэлектростанция. В период с 1941 по 1945 год корейские колхозы утроили свои сельскохозяйственные угодья, а колхоз «Полярная звезда» также увеличил их примерно в пять раз, обработав за четыре года 1080 гектаров земли. За этот период посевные площади хлопка и риса увеличились примерно в 10 раз, а с приходом в эти районы корейцев, где с гектара собирали 17 центнеров (1,7 тонны) хлопка, урожай стал составлять 30 центнеров с гектара.

Советские власти, высоко оценившие руководство Ким Бён Хва, 28 апреля 1948 года присвоили ему звание Героя Социалистического Труда. 3 мая 1948 года Ким Бён Хва выразил благодарность директору ташкентского колхоза Совету Волкову за присвоение звания Героя Социалистического Труда и пообещал приложить больше усилий для развития социалистического сельского хозяйства. Благодаря выдающимся организаторским способностям и лидерству Ким Бён Хва колхоз продолжал развиваться. 31

Бюст в музее Ким Бён Хва (Источник: «Окно зарубежных соотечественников»)

августа 1951 года за достижения в строительстве колхоза и высокие урожаи хлопка и риса Ким Бён Хва вновь был награжден орденом Ленина и золотой медалью «Серп и Молот». Получив снова звание Героя Социалистического Труда, Ким Бён Хва стал дважды Героем Социалистического Труда. В 1956 году Ким Бён Хва стал известен за пределами республики и на всей территории бывшего Советского Союза, после публикации во всесоюзной газете «Правда» — органа Коммунистической партии Советского Союза. Когда в 1962 году в колхозе установили его памятник, Ким Бён Хва выразил свою благодарность, сказав: «Я благодарен партии, правительству и моим дорогим и любимым колхозникам».

Помимо звания дважды Героя Социалистического Труда, советские власти наградили Ким Бён Хва четырьмя орденами Ленина, одним орденом Октябрьской Революции, двумя орденами Трудового Красного Знамени и одним орденом Знак почета. Ким Бён Хва — член ЦК Коммунистической партии Узбекской ССР, член Центральной ревизионной комиссии, депутат Верховного Совета республики 5-8 созывов с 1946 года. В 1974 году название колхоза «Полярная звезда» было изменено на колхоз «Ким Бён Хва», улица в Ташкенте и средняя школа в селе Туябугуз Ташкентской области получили название «Ким Бён Хва». 7 мая 1974 года Ким Бён Хва, дважды Герой Социалистического Труда, основатель колхоза «Полярная звезда», член Коммунистической партии Советского Союза с 1927 года, депутат Совета Узбекской ССР, член Ташкентского обкома партии скончался от хронической болезни. Все, кто помнит Ким Бён Хва, до сих пор говорят о нем: «Он был выдающимся и добрым человеком, разумным председателем и отличным хозяйственником». Музей Ким Бён Хва был основан в 1976 году и обновлен в 2005 году к 100-летию со дня рождения Ким Бён Хва.

# «Корё Ильбо» и театр «Корё», объединившие корейцев в единое целое

Принудительное переселение корейцев в Центральную Азию в 1937 году радикально изменило культурную среду корейского общества. В 1938 году школы на корейском языке были преобразованы в русскоязычные, и Корейский педагогический институт, переехавший в Кызылорду, стал Русским педагогическим институтом. Существующие условия для обучения на корейском языке были полностью ликвидированы. Однако, корейская газета «Ленинское знамя», распространявшаяся по Центральной Азии и всему СССР, а также корейский театр, который выступал на корейском языке в колхозах Центральной Азии, связали корейцев в Советском Союзе в единое сообщество.

## «Корё Ильбо»

Сразу после насильственного переселения, 25 марта 1938 года, по решению партийного комитета Кызылординской области, газета «Сонбон» была переименована и начала вновь выходить с 15 мая под названием «Ленинское знамя». Газета «Ленинское знамя», возобновившая свою деятельность в Кызылорде, значительно развилась по своей организации, формату и содержанию. Вместо местных статей, которые раньше публиковались нерегулярно, стали появляться материалы от таких авторитетных агентств, как ТАСС и АПН, включая статьи от выдающихся ученых, общественных деятелей, корреспондентов и специальных корреспондентов. Кроме того, первоначально газета печаталась малым тиражом и выходила три раза в неделю до 1937 года, но затем большим тиражом по пять раз в неделю (ежедневно). Из органа областного Кызылординского госкома партии она стала органом ЦК Компартии Казахской Республики, а затем была преобразована в объединенную межреспубликанскую газету. Тираж увеличился с 11 000 экземпляров в 1937 году до 14 000 экземпляров в 1988 году, к 50-летию основания, а число сотрудников увеличилось примерно до 50. После того, как газета была переведена из Кызылорды в Алматы, газета достигла значительного прогресса в плане технологий (шрифт, фотография и т. д.).

Основная заслуга «Ленинского знамени» заключается в том, что газета внесла большой вклад в развитие культуры корейской общины, включая театральное искусство, литературу и традиции. Она поддерживала тесные и постоянные связи с Корейским театром, публикуя рецензии на спектакли, а также статьи о жизни театра и анонсы о выступлениях актеров. Газета играла важную роль в выявлении и развитии новых литературных талантов, а также в критике и совершенствовании театральных постановок. Влияние на развитие корейской литературы также было значительным; через газету были открыты новые имена многих писателей и поэтов. В 1971 году вышел сборник сочинений «Солнечный свет октября», сборник прекрасных произведений, публиковавшихся в газетах, а в 1975 году вышел сборник сочинений «Мелодия Сырдарьи».

«Корё Ильбо», ставшая преемницей «Ленинского знамени» после распада Советского Союза, из-за ухудшения социальной и экономической ситуации столкнулась с трудностями финансирования и газета, несмотря на название как ежедневная, на самом деле выходила четыре раза в месяц. Один из выпусков был на русском языке. Изменения на страницах газет начались в 1989 году, на закате Советского Союза. С марта 1989 года появились русскоязычные страницы, которые составляли четверть газет. Впоследствии, в 1991 году, название было изменено на «Корё Ильбо», и русскоязычная газета выходила как независимая газета каждую субботу в виде еженедельного выпуска.

По мере обретения независимости отдельными республиками, входившими в состав Советского Союза, сложившаяся в советский период распределительная система всего Советского Союза рухнула, стоимость издания газет резко возросла из-за продолжающейся инфляции, а количество подписчиков сократилось, и «Корё Ильбо» также оказалась перед угрозой исчезновения. В этой ситуации корейское правительство предоставило «Корё Ильбо» оборудование, и началась компьютерная система монтажа.

С 1994 года, когда хаос, вызванный распадом Советского Союза, в некоторой степени стабилизировался, издание газет также начало улучшаться: тираж каждого выпуска достиг 4000–5000 экземпляров, но финансовые трудности продолжались. Со второй половины 1997 года «Корё Ильбо» была сокращена с 16 страниц формата А3 до 12 страниц, а из-за сокращения субсидий правительства Казахстана количество полос газеты снова сократилось до 8 страниц, а частота публикации снизилась до двух раз в месяц.

В конце 1999 года Министерство культуры Казахстана приняло решение о приватизации всех государственных газет, и с 1 января 2000 года управление «Корё Ильбо» взяла на себя Ассоциация корейцев Казахстана. Позже, в середине 2000-х годов, «Корё Ильбо» было восстановлено в стабильную издательскую систему, основанную на государственных субсидиях и финансировании Ассоциации корейцев Казахстана. Однако проблемы с улучшением уровня и качества газет и увеличения тиража сохранялись. В 2023 году было проведено мероприятие, посвященное 100-летию основания «Корё Ильбо», а в деревне корё сарам в Кванджу была проведена специальная выставка, посвященная ее 100-летию.

## Корейский театр

Во время депортации 1937 года большая часть членов корейского театра переехала в Кызылорду Казахской ССР,

I. Читаем вместе историю корё сарам

а часть — в Бектемир под Ташкентом Узбекской ССР. Хотя театры разделились, они продолжали сотрудничество. 13 января 1942 года Корейский театр переехал в Уштобе, который был первым местом их поселения, а 30 мая 1959 года, согласно решению правительства Казахстана, вернулся в Кызылорду, став Государственным корейским театром Кызылорды. С января 1964 года театр был переименован в Корейский музыкально-драматический театр Казахской ССР, что позволило проводить гастроли по всей территории СССР. В 1960 году театр принял 12 молодых актеров, получившие профессиональное образование, которые могли выступать на корейском языке. Эти актеры, окончившие Ташкентский театральный институт, стали ведущими актерами театра.

В 1968 году Корейский театр был переведен в столицу Казахстана, Алматы, и переименован в Государственный музыкально-драматический корейский театр Казахстана. Это переименование означало, что театр был повышен с уровня областного до национального театра. В том же году в составе театра была основан ансамбль «Ариран». В 1970-е годы северокорейские актеры Хан Джин и Мён Дон Ук внесли свой вклад в развитие Корейского театра. Это были политические ссыльные, приехавшие учиться в Советский Союз в начале 1950-х годов и отказавшиеся вернуться в Северную Корею из-за своего участия в антикимирсеновском движении ближе к концу учебы. После того как Корейский театр был преобразован в Национальный театр, он начал гастрольные поездки по всему Советскому Союзу. В 1982 году, в год 50-летия театра, он впервые выступил с гастролями в Москве.

Основная исполнительская деятельность Корейского театра проходила не только на городских сценах, но и в рамках региональных гастролей. В частности, гастрольное представление, которое было одним из основных направлений деятельности театра, проводилось театральной труппой и танцевальным ансамблем, а реклама предстоящих представлений была заранее размещена в газете «Ленинское знамя». Танцевальный ансамбль «Ариран», созданный при театре, гастролировал не только по Казахстану и Узбекистану, но и по соседним центральноазиатским республикам, а также в Москву, Ленинград, Киев, Белоруссию и другие страны Балтийского региона. Гастроли планировались как самостоятельно, так и по указанию Министерства культуры СССР. Продолжительность гастролей варьировалась от 1-2 месяцев до более чем 10 месяцев, и в их программу входили традиционные корейские танцы и песни. Особое внимание зрителей привлекали выступления заслуженного артиста Казахстана Ким Владимира и танцы Ким Риммы. Их встречали бурные аплодисменты зрителей. В течение года «Ариран» и театральная труппа проводили около 130 гастрольных мероприятий, и более 80 тысяч зрителей посещали их выступления ежегодно.

Между тем, малые корейские коллективы художественной самодеятельности, организованные на местном уровне в странах Центральной Азии, внесли свой вклад в сохранение и развитие национальной культуры. Благодаря политической поддержке советского правительства, многие из участников малых художественных коллективов смогли усовершенствовать свои навыки и впоследствии перейти в профессиональные художественные коллективы. Со временем некоторые из этих любительских коллективов эволюционировали в профессиональные театры и ансамбли, что свидетельствует о высоком уровне их развития и значительном влиянии на культурное пространство региона.

После распада Советского Союза в 1990-х годах Корейский театр столкнулся с необходимостью адаптироваться к меняющимся социальным и культурным условиям и найти пути к самообеспечению. С конца 1999 года театр был реорганизован и вошел под управление Ассоциации корейцев Казахстана, что позволило наладить более эффективное управление и начать активное развитие театра. В этот период были привлечены молодые корейские артисты пятого поколения, получившие профессиональное образование в Ташкенте (Узбекистан), они были приняты на работу в Корейский театр и получили поддержку со стороны Ассоциации корейцев Казахстана и Посольства Республики Корея в Казахстане.

В 2002 году Корейский театр получил от правительства Казахстана собственное здание, открыв эпоху создания самостоятельного Корейского театра. По мере того, как культурный обмен с Кореей становился более активным, количество постановок пьес на корейском языке возросло, театр начинает принимать участие в театральных фестивалях, проводимых по всему миру. В условиях сокращающегося числа зрителей, которые могут наслаждаться корейскими постановками, Корейский театр с 2006 года начал проводить собственные курсы подготовки актеров. Театр стал внедрять в свои программы русские комедии, песни, традиционные корейские и северокорейские танцы, а также казахские народные танцы. Это разнообразие помогло избежать однообразия репертуара и адаптировать спектакли к вкусам молодой аудитории. В 2022 году состоялось мероприятие в честь 90-летия театра, а также специальная выставка в деревне корё сарам в Кванджу.

# «Кобонджиль», в поисках более обширных сельскохозяйственных угодий

Колхозы в центрально-азиатском регионе, которые до 1950-х годов добивались успехов в повышении производительности сельского хозяйства, в 1960-е годы начали постепенно приходить в упадок. Это связано с мерами советской центральной власти по расширению сельскохозяйственных угодий, в том числе по освоению целины в Центральной Азии. 7 сентября 1953 года ЦК КПСС принял решение о развитии сельского хозяйства, животноводства и механизации в Центральной Азии. Началась государственная поддержка механизации сельского хозяйства, а также поощрялась индустриализация в Центральной Азии. Кроме того, были созданы промышленные профессионально-технические училища и школы механизации сельского хозяйства для подготовки специалистов, которые будут осуществлять механизацию и индустриализацию. Многие молодые корейцы учились в этой области, выпуская множество специалистов, хорошо разбирающихся в технике. На состоявшемся в 1956 году XX съезде Коммунистической партии Советского

Союза было принято решение усилить развитие тяжелой промышленности и сельскохозяйственного производства в шестой пятилетке, реализуемой с 1956 по 1960 год.

Это решение внесло огромные изменения жизни корейцев в колхозах в Центральной Азии. В частности, колхозы стали объединяться на основе утверждения принципа сбалансированного развития, что касалось как богатых, так и менее успешных колхозов, в том числе и колхоза Ким Бён Хва.

Однако эта интеграция между колхозами привела к ухудшению управления колхозом. Поскольку корейский колхоз, который оставался относительно богатым, взял на себя долги плохо управляемого колхоза, интегрированный колхоз постепенно начал приходить в упадок, что в конечном итоге привело к тому, что корейские колхозники начали покидать его. Корейцы, покинувшие колхоз, отправились в места с плодородными землями, такие как Волгоград в России, на Кавказ и на Украину, чтобы заняться сезонным земледелием, называемым «кобонджиль». «Кобон» означает «вклад каждого в совместное предприятие». Это сезонный метод ведения сельского хозяйства, который в основном осуществляется в период с марта по октябрь для ведения сельского хозяйства, обработки урожая, продажи его и последующего возвращения в свой колхоз. Основной рабочей единицей метода земледелия «кобонджиль» была не отдельная сельскохозяйственная единица, а сельскохозяйственный трудовой коллектив небольшой общины, называемый «бригадой». Поскольку сельское

I. Читаем вместе историю корё сарам

хозяйство характеризуется трудоемкой производственной деятельностью, «кобонджиль» был перенесен в бригадное подразделение, которое ранее функционировало как основа колхозов, или реализовывался на уровне семейных общин. Размер бригады обычно составлял от 40-50 до 100 человек, а руководитель бригады «кобонджиль» имел большой авторитет и обладал значительными полномочиями в организационной структуре, полевой деятельности и построении сети продаж.

Земледелие «кобонджиль» было методом перемещения в поисках мест с высокой производительностью и выгодными каналами сбыта. Бригадир всесторонне анализировал изменения качества почвы, плодородия, настроения местного населения и прогнозы продаж, выбирал подходящую территорию и заключал договор аренды. Корейцы оставили после себя выдающиеся достижения в своих методах земледелия «кобонджиль». В частности, корейцы из Центрально-Азиатского региона продемонстрировали успешную деятельность, продвигая земледелие «кобонджиль» даже в таких отдаленных местах, как юг Украины и Северный Кавказ в районах Каспийского моря.

Фактически выход из колхоза, к которому человек принадлежал в тот период, был незаконным действием. Однако у «кобонджиль» была сильная сторона: она гарантировала большую прибыль, пропорциональную упорному труду. Причина, по которой нелегальный «кобонджиль» корейцев мог продолжаться, заключалась в том, что между корейцами «кобонджиль» и колхозом существовала скрытая сделка. Другими словами, колхоз, который был не в состоянии удовлетворить потребности государства путем нормальной колхозной деятельности, получал часть прибыли от «кобонджиль» для удовлетворения государственных нужд, и закрывал глаза на то, что фермеры «кобонджиль» могли забирать оставшуюся часть прибыли. Хотя этот метод был высоко рискованным и мог привести к долговым обязательствам, корейцы продолжали его использовать из-за высокой прибыльности. «Кобонджиль» позволил корейцам накопить капитал, что дало возможность для их переселения в город. Число корейцев, живущих в городах, со временем увеличилось, и в 1980-х годах более 80% корейцев жили в городах.

# 3 Возвращение корё сарам: Приморский край и Корея

- «Возвращение» корё сарам в Приморский край и организации, оказывающие им поддержку
- Жизнь корё сарам в Корее как иностранцев

Распад Советского Союза и рождение Содружества Независимых Государств, последовавшие за горбачевской политикой перестройки («реформ») и гласности («открытости»), начавшейся в 1985 году, снова изменили жизнь корейцев. В процессе возрождения понятия национальной идентичности в каждой из 15 стран корейцы превратились из «граждан Советского Союза» в меньшинство в странах региона проживания. В условиях национализма и гражданских войн в Центральной Азии часть корейцев была вынуждена покинуть обжитые места, созданные кровью и потом средства к существованию и переселиться в Приморье России, землю своих предков, и южные районы России и Украины.

Корейские общественные организации поддержали возвращение в Приморье России, на землю своих предков, местные органы власти и миссионерские организации также поддержали корейцев в Приморье. Кроме того, Корея, страна предков, о которой они узнали благодаря Олимпийским играм в Сеуле 1988 года, становится новым выбором для корё сарам. С 2007 года значительно возросло количество возможностей для переезда в Корею, а с 2014-2015 годов появилась возможность для воссоединения семей корё сарам в Корее. В настоящее время вернувшиеся корейцы формируют поселения вокруг промышленных зон по всей стране. Несмотря на возросшее внимание и поддержку со стороны правительства и гражданских организаций, этой помощи все еще недостаточно. История возвращения корё сарам разделена на Приморский край и Корею.

# «Возвращение» корё сарам в Приморский край и организации, оказывающие им поддержку

Корейцы, которые стали меньшинствами в Центральной Азии после распада СССР, столкнулись с множеством трудностей в своей жизни. На рабочих местах, когда заново назначаются ответственные лица, должности сокращаются или рабочие места теряются, а торговые центры, рестораны и столовые, которые, казалось бы, преуспевают, часто становятся объектами эксплуатации коррумпированных чиновников и вынуждены продаваться по низким ценам или закрываться. Проблемы с языком также создавали неудобства для корейцев: официальный язык титульной нации, вместо русского, что вызывало трудности в школах и на рабочих местах и увеличивало беспокойство за образование детей и их будущее. Корейцы, вернувшиеся на Дальний Восток России, часто выражали свое недовольство и разочарование.

«Во время насильственной депортации мы утеряли корейский язык и почти стали русскими, если дети выучат еще и узбекский язык, к какому роду они будут относиться?»

Экономические проблемы стран Центральной Азии, вызванные распадом Советского Союза, также препятствовали развитию. Зарабатывать на жизнь стало труднее, чем раньше, из-за низкой заработной платы и отсутствия рабочих мест.

Экономические, политические, социальные и культурные трудности и тревога за будущее стали факторами, побуждающими корейцев из Центральной Азии вновь мигрировать по Евразии. Некоторые из них вернулись в Приморский край в России, чтобы начать новую жизнь.

## Возвращение и поддержка в обустройстве в Приморье

Приморский край для корейцев не просто место проживания, а важный символ их истории, культуры и идентичности. Некоторые сами добровольно эмигрировали в Приморье, чтобы найти родину предков, а местные организации корё сарам и общественные организации из Кореи активно поддерживали миграцию и процесс поселения.

Согласно закону «О восстановлении чести угнетенных меньшинств», обнародованному в России в 1993 году, честь корейцев была восстановлена и гарантирован их переезд в Россию. Закон предоставил право на получение гражданства

Российской Федерации, а также предусматривал поддержку для возвращающихся корейцев, включая предоставление жилья, гражданства, распределение земель и специальные кредиты.

В Приморье созданы и активно ведут свою деятельность организации «Корейская национальная культурная автономия» и «Фонд реабилитации корейцев Приморья». Однако возникло множество трудностей из-за политических и экономических обстоятельств в России. Под руководством «Корё Хапсоп» корейские организации и учреждения, такие как Корейская ассоциация жилищного строительства, Корейская ассоциация восстановления сельских районов, Федерация движения Сэмаыль и Союз помощи нашему народу, начали оказывать материальную и финансовую поддержку. Среди них особенно активно в проект по заселению корейцев вовлеклась организация «Союз помощи нашему народу» в Приморском крае, известная теперь как Восточно-Европейская миротворческая ассоциация.

Одним из знаковых проектов было создание поселков для корейцев в Приморье, осуществленное фондом возрождения корейцев Приморья. В рамках этой инициативы было получено от правительства Приморского края 6 заброшенных военных казарм в районах: Раздольное, Кремево, Поповка, Платановка, Ново-Нежино и Орехово. Эти территории были преобразованы в поселения для переселения корейцев из Центральной Азии. Однако на ремонт инфраструктуры, такой как электричество, вода и газ, были понесены огромные затраты, а также возникли трудности с получением российского гражданства для новых иммигрантов. Восточно-Европейская миротворческая ассоциация, сотрудничая с Фондом возрождения корейцев Приморья, начала программу «сестринских семей», связывая каждый из этих 6 послков с семьями в Корее и предоставила поддержку в виде минимального дохода, а также помощи в восстановлении электро- и водоснабжения, ремонте зданий, предоставлении товаров первой необходимости и юридической поддержке по вопросам восстановления гражданства.

Культурная автономная ассоциация корё сарам вместе с организацией «Движение за мир Северо-Восточной Азии» также посвятила свои усилия проекту культурного возрождения корё сарам. Был основан ансамбль «Ариран» для продвижения корейского традиционного танца и культуры по всей России, была основана и начала выпускаться газета «Корейские новости», а также ежегодно проводился «День корейской культуры», создавая фестивали и праздники корейской диаспоры.

## Уссурийск и близлежащие корейские деревни

Уссурийск, расположенный примерно в 100 км от Владивостока, столицы Приморского края, был и остается центральным городом корё сарам в Приморском крае. Он находится недалеко от границы с Китаем и представляет собой важный логистический центр Дальнего

Востока, находясь на перекрестке путей, ведущих в Хабаровск, Владивосток и Северную Корею. В Уссурийске функционирует Центр корейской культуры, учрежденный «Движением за мир Северо-Восточной Азии» и управляемый Национальным культурным объединением корейцев Уссурийска, посвященный 140-летию корейской иммиграции в Россию.

Этот центр включает в себя историческую экспозицию, посвященную корейской эмиграции и независимому движению, центр обучения корейскому языку, газету «Корейские новости», корейцев и клуб пожилых людей. Центр корейской культуры выполняет важную роль как центр притяжения для корейцев Приморья. Кроме того, в Уссурийске и его окрестностях сохранились другие значимые исторические и культурные объекты. К ним относятся: Археологические памятники Пархэ — остатки древней корейской цивилизации; Памятник Ли Сан Солю – установлен в честь корейского национального героя; Дом Чхве Джэ Хёна — восстановленный корейский дом, который был преобразован в мемориальный музей Чхве Джэ Хёна при поддержке правительства Республики Корея; Здание Центрального собрания корейцев в Чонро – здание, в котором было основано первое временное корейское правительство во время японской оккупации; Школа корейских крестьян в Пучиловке — образовательное учреждение, основанное для корейцев, занимающихся сельским хозяйством. Эти места не только отражают богатое историческое наследие корейцев в этом регионе, но и служат

Уссурийский завод по переработке сои

центрами культурной идентичности и национальной памяти.

В районе Михайловки под Уссурийском образовалось корейское поселение под названием село Дружба. Это деревня, созданная Корейской ассоциацией жилищного строительства для расселения корейцев в Приморском крае. Первоначальный план заключался в том, чтобы построить более 1000 домов в корейском стиле и развивать прилегающие фермы для создания современного крупномасштабного поселения корейских мигрантов, но из-за российских бюрократических преград, финансовых трудностей ассоциации и смены руководства, проект был остановлен после строительства 31 дома.

В Сунь Ятсене и Кремово возле села Дружба создан корейский поселок под названием Родная деревня. В 2004 году около 20 семей переехали туда из Центральной Азии

I. Читаем вместе историю корё сарам

в рамках проекта, посвященного 140-летию корейской иммиграции в Россию. Весь процесс переезда в деревню был снят корейской телекомпанией MBC TV в виде документального фильма в специальном выпуске под названием «Возвращение домой».

Корейцы, переехавшие в Приморский край, жили за счет дешевой аренды сельскохозяйственных угодий и выращивания арбузов, лука, фасоли, кукурузы и т. д., но они испытывали множество экономических трудностей из-за низкой производительности труда из-за климата, который значительно отличался от климата Центральной Азии. Кроме того, они обосновались, работая на логистическом оптово-розничном рынке, созданном в Уссурийске, но возникли трудности из-за политических и социальных волнений в России, экономических санкций на Западе и вытекающих из этого экономических трудностей. По мере того, как об этой ситуации стало известно, число людей, мигрирующих из Центральной Азии, постепенно уменьшалось, и в настоящее время миграция приостановилась. С течением времени появляются корейцы, добившиеся успеха в бизнесе и политике, они стали активно развиваться в сферах культуры, медицины и образования. Вместе с тем возрастает интерес к эмиграции в экономически развитую Корею с высокой заработной платой.

# Жизнь корё сарам в Корее как иностранцев

Олимпийские игры 1988 года в Сеуле предоставили корё сарам новую возможностью увидеть Республику Корею как развитую родину. Однако во время холодной войны корейцам, живущим в социалистическом Советском Союзе, было трудно въехать в Корею, капиталистическую страну. Это было также время, когда широкая общественность в Корее едва знала о существовании корё сарам.

В 1993 году была внедрена система производственного обучения, и некоторые корё сарам въехали в страну вместе с иностранцами из слаборазвитых стран, но путь к свободному и полноценному въезду в Корею был открыт в 1999 году, когда был принят Закон о зарубежных соотечественниках. Тогда началась выдача визы зарубежных корейцев (F-4). Тем не менее, потомки соотечественников, выехавших за границу до создания правительства Республики Корея в 1948 году (включая корё сарам и китайских корейцев), были исключены из числа соотечественников. В итоге, после внесения поправок в Закон о зарубежных соотечественниках в 2004 году, которые включили формулировку «соотечественники, выехавшие за границу до создания правительства Республики

Корея», корё сарам и китайские корейцы получили статус соотечественников.

## Формирование поселений корё сарам в Корее

Корё сарам всё еще не были корейцами (Korean) в Корее. Обладатели визы зарубежных соотечественников не могли осуществлять «простую трудовую» деятельность, а люди, въехавшие в страну по краткосрочной визе (С-3-8), задерживались в стране и становились нелегальными мигрантами по истечении срока пребывания. Только после того, как правительство Кореи в марте 2007 года ввело систему рабочих виз (Н-2) и упростило процесс получения виз для корейцев, живущих за рубежом, корё сарам смогли въехать в Корею с целью трудоустройства.

Рабочая виза — виза, выдаваемая только корё сарам и китайским корейцам позволяет заниматься простым неквалифицированным трудом, что значительно увеличило количество русскоязычных корейцев, прибывающих в Корею, так в Ансане начали возникать первые поселения корё сарам.

В 2011 году возвращение на постоянное место жительства в Корею было разрешено иностранцам старше 65 лет, а в 2014 году визы для краткосрочного визита начали выдавать также лицам младше 60 лет и несовершеннолетним. В апреле 2014 года обладателям визы зарубежных корейцев, а в апреле 2025 года обладателям рабочих виз было разрешено привозить с собой свои семьи. Это позволило корейским детям и подросткам, которые находились под опекой бабушек и дедушек, воссоединиться с родителями, работающими в Корее, а также привело к увеличению числа корейских семей, состоящих из трех поколений, где бабушки и дедушки приехали, чтобы ухаживать за внуками.

Не только в Кванджу, но и в Инчхоне, Кёнджу, Кимхэ, Асане, Чхонджу и других индустриальных зонах страны начали формироваться «поселения русскоязычных корейцев». Особенно, поселение корё сарам в Инчхоне, в районе Ёнсу, стало центром корейских поселений в столичном регионе. С 2018 по 2019 год около 80 000 корё сарам начали проживать в Корее, в начале 2020 года рост замедлился из-за пандемии COVID-19, но снова восстановился в 2022 году, и по состоянию на 2024 год в Корее проживает около 120 000 корейцев с постсоветского пространства.

Условия проживания корейцев, переехавших в Приморский край, и тех, кто переехал в Корею, существенно различаются. Переезд в Приморье представляет собой миграцию в знакомую культурную и языковую среду, в то время как переезд в Корею чаще имеет характер временной трудовой миграции. Россия обеспечивает корейцам восстановление гражданства и почти бесплатно предоставляет земельные участки для сельского хозяйства, тогда как в Корее получить гражданство почти невозможно. Визовая политика Кореи также накладывает ограничения на продолжительное проживание и стабильную работу, а языковой барьер усложняет процесс интеграции и адаптации.

Хотя жизнь в Корее бывает трудной, они готовы терпеть эти трудности и надеются на возможность остаться, если родина их примет. Когда срок визы истекает и они вынуждены вернуться в Центральную Азию, отъезд часто сопровождается словами, полными неуверенности в будущем: «Сейчас возвращаемся, но не знаем, куда ехать дальше. Там нет будущего». Однако, даже в самых сложных условиях у них есть врожденное стремление укореняться и адаптироваться, оставшееся в генетической памяти истории миграции корейской нации.

## Предыстория миграции в город Ансан

Корё сарам, проживающие в Корее, формируют компактные поселения, самое крупное из которых расположено в Ансане, провинции Кёнгидо. Ансан — один из крупнейших многонациональных городов Кореи служит воротами для внутренних мигрантов. Из 110 000 корё сарам, живущих в Корее, около 20 000 живут в Ансане.

В районе Сонбу-дон города Ансан есть поселение корё сарам под названием «Тэкколь». Вокруг промышленного комплекса Банволь в районе Вонгок-дон, где начали собираться иммигранты благодаря рабочим местам и относительно низким ценам на жилье, известен как мультикультурный район в Корее. Когда он начал развиваться как особая мультикультурная зона, а цены на недвижимость выросли, корё сарам начали селиться в близлежащем районе Тэкколь, где депозиты и ежемесячная арендная плата были ниже. Используя свои связи и социальные сети, корейцы из стран СНГ начали собираться в Тэкколе, который со временем превратился в естественное поселение русскоязычных корейцев.

Одной из особенностей миграции русскоязычных корейцев является тенденция к поселению в районе проживания родственников и знакомых. Когда один член семьи переезжает и обустраивается на новом месте, он приглашает родственников и друзей, формируя общину и живя вместе. Это было важно как в миграции в Приморье после утраты Родины, так и при принудительном переселении в Центральную Азию и при повторной миграции после распада Советского Союза. Система взаимопомощи в рамках семейных и родственных связей была ключевой для выживания и этот исторический опыт сформировал характерную миграционную тенденцию корё сарам.

В 2011 году в Ансане была создана первая неправительственная организация, помогающая русскоязычным адаптироваться в Республике Корея. Изначально ее основная цель заключалась в предоставлении обучения корейскому языку, но со временем поддержка расширилась на все аспекты жизни в Корее. Организация начала отвечать на запросы по вопросам таких проблем, как производственные травмы, невыплата заработной платы, медицинское обслуживание, жилье, образование, а также услуги перевода и интерпретации. Таким образом, эта организация стала важным ресурсом для решения жизненных проблем русскоязычных корейцев, проживающих в Ансане.

В 2016 году Национальное собрание приняло резолюцию о поддержке проектов, посвященных 150-летию добровольного переселения корё сарам, обеспечив бюджет в 1 миллиард вон, включая 300 миллионов вон из государственного бюджета, а также было завершено строительство корейского культурного центра в Сонбу-доне (Тэкколь). Строительством руководил центр поддержки корё сарам «Номо», который в настоящее время управляет центром, согласно договору с городскими властями.

Вторая община корё сарам в Ансане расположена недалеко от кампуса ERICA университета Ханьян в Са-доне, Саннок-гу. Район с однокомнатными квартирами предназначенных для студентов университета. По мере того, как студенты переезжали в общежития или ездили на учебу в соседний Сеул, квартиры начали занимать иностранные рабочие. Доступные цены на аренду и качественная инфраструктура сделали район привлекательным. Кроме того, близость к рабочим местам в Хвасон Хяннампаран и удобство, так как можно легко добраться до Хвасон Намьяна и Пхёнтэка. Принцип «сарафанного радио» послужил к образованию поселения русскоязычных корейцев в данном районе. В этом районе также была создана организация поддержки корейцев «Мир», ответвление организации «Номо», которая оказывает помощь корё сарам в адаптации в Корее.

Как только решаются вопросы жилья и трудоустройства, следующими важными вопросами для поселений корё сарам являются уход за детьми, образование и условия для жизни. В начальной школе Сониль в Сонбу-доне действует специальный класс для учеников, приехавших в страну недавно, что позволяет доверить своих детей учеников начальной школы, которые не владеют корейским языком. Здесь работают двуязычные преподаватели владеющие русским языком, а школьные объявления и важные уведомления предоставляются на русском языке посредством устного и письменного перевода, что особенно ценят родители. В районе Са-дон, в начальной школе Сокхо также наблюдается быстрый рост числа детей корё сарам, в настоящее время в ней обучается около 400 детей. Для них имеются преподаватели владеющие русским языком, также открыты и функционируют классы корейского языка.

Если проживать в Корее долгое время, к вам могут переезжать дети или родственники для помощи в уходе за детьми. Появляется потребность в более просторном жилье, нужна как минимум двухкомнатная, а не однокомнатная квартира. В связи с этим наблюдается расширение корейских поселений из района Хэян-дона перед университетом Ханьян до Са-дона и Боно-дона. Причина, по которой миграция корё сарам из Ансана в Инчхон или Хвасон увеличивается, связана с ростом ежемесячной арендной платы, при расширении жилой площади.

## Соотечественники, соединяющие две Кореи

7 июля 2014 года команда автопробега, посвященного 150-летию переселения корейцев в Россию, выехала из Москвы (Россия), проехала через Центральную Азию, Сибирь, Приморский край и Пхеньян в Северной Корее и прибыла на юг корейского полуострова 16 июля. Если 150 лет назад мигранты ехали на поезде на запад, то в том году путешествие было осуществлено на автомобилях на восток. Впервые корейцы проехали на автомобилях через Сибирь и посетили и Северную, и Южную Кореи. 32 участника автопробега и 8 автомобилей проехали около 15000 км. Это означает, что команда ежедневно преодолевала 380 км. Комитет по проведению памятных мероприятий в честь 150-летия миграции корейцев пояснил, что цель автопробега заключалась в том, чтобы повторить путь миграции корейцев, но только в обратном направлении. Поскольку три машины были переданы в дар Северной Корее, количество машин,

Стремление корё сарам к «объединению»: автомобильное путешествие по Евразии (Источник: «Движение за мир Северо-Восточной Азии»)

прибывших в Южную Корею, сократилось до пяти.

Утром 17 июля команда автопробега «Великий марш объединения корейцев» посетила правительственный мемориал жертвам крушения парома «Севоль» в Данвон-гу, города Ансан, а после направилась в деревню Тэкколь, Сонбу-дон. Жители Тэкколя тепло встретили участников пробега и команда выразила свою благодарность, отметив, что они почувствовали себя как дома. Этот пробег стал символом того, как зарубежные соотечественники могут способствовать улучшению отношений между Северной и Южной Кореей, демонстрируя свою значимость в истории корейского полуострова.

## Образец для подражания, деревня корё сарам в Кванджу

Русскоязычные корейцы хотя и являются «возвращенными» соотечественниками, прожили более полувека в другой культурной среде. Поселения корё сарам естественным образом формируются в слаборазвитых районах, где стоимость жилья относительно низкая, что демонстрирует потенциал развития в уникальные пространства, отражающие русскую/центральноазиатскую культуру. Эти районы становится туристической достопримечательностью, благодаря своим особенностям, таким как интересные места, еда и культурные истории. Ярким примером является деревня корё сарам в Вольгок-доне, Квансан-гу, Кванджу.

Поселение в Кванджу возникло не случайно. Оно было сформировано благодаря активному вмешательству пастора Ли Чхон Ёна, который занимался поддержкой иностранных рабочих и решением проблем с заработной платой, включая случаи с корё сарам, такими как Шин Зоя, работающими в стране. Данное поселение стало результатом успешного взаимодействия с местным сообществом, что позволило создать устойчивую общину, представляющую новую модель корейской общины внутри страны и за рубежом.

Пастор Ли Чхон Ён и представитель третьего поколения корё сарам Шин Зоя, сыграли важную роль в развитии деревни корё сарам. В октябре 2013 года в Кванджу была принята первая в стране местная резолюция о поддержке русскоязычных корейцев, что создало благоприятные условия для их интеграции и способствовало расширению поселения. Размер деревни корё сарам постепенно увеличивался. Были открыты различные учреждения, такие как общественный центр для послешкольного ухода, молодежный культурный центр для учеников средней и старшей школы, мультикультурная альтернативная школа «Сэналь» (в здании бывшей начальной школы в сельском районе Гвансан), радиовещание, которое передает новости корё сарам, а также дом престарелых и центр по уходу за пожилыми людьми, что сделало жизнь русскоязычных корейцев в Кванджу более комфортной и благоприятной.

В Кванджу корейское поселение стало известным как «Историческая деревня номер один», благодаря интересу местного сообщества, различным формам поддержки, включая бесплатные медицинские услуги, а также посещениям со стороны исследователей и учащихся, изучающих историю. Открытие Музея корейской культуры в Вольгок в 2021 году стало важным шагом для превращения обычного района мигрантов в «Историческую деревню корейцев». Директор музея, Ким Бён Хак, который более 20 лет проработал в Казахстане в редакции газеты «Корё Ильбо» и был преподавателем корейского языка, проводит специальные выставки, используя ценные исторические материалы. Также в 2022 году детский парк был переименован в Парк Хон Бом До, что символизирует

Посещение Музея искусств Кванджу, сотрудники музея и Виктор Мун
(Источник: Деревня корё сарам в Кванджу)

усилия по сохранению и популяризации корейской истории в Кванджу.

Сотрудничество между корё сарам, живущих в Кванджу и местным сообществом сыграло ключевую роль в том, что в феврале 2022 года, после вторжения России в Украину, было оказано значительное содействие корейцам-беженцам из Украины. Около 900 корейцев получили помощь в виде авиабилетов, средств на обустройство и экстренной медицинской помощи, что способствовало их переезду в Корею. В 2023 году Виктор Мун, известный в Центральной Азии корейский художник, приехал в Кванджу, а 1 марта 2024 года, к 105-летию Движения 1 марта, в деревне корё сарам в Кванджу был открыт Музей Виктора Муна.

## Проект специальной региональной визы и миграция семей корё сарам в регионы

В июле 2022 года Министерство юстиции Республики Корея анонсировало программу «Региональных специализированных виз», направленную на решение проблемы сокращения численности населения и сбалансированное развитие регионов. Эта программа направлена на следующие категории лиц: 1. Квалифицированные специалисты: Эта категория предназначена для иностранных студентов и специалистов, которые остаются в регионах с низким уровнем населением более пяти лет. Если они соответствуют данным требованаиям, им предоставляется виза на пребывание (F-2-R) и возможность пригласить семью. Эта виза также предоставляет специальные льготы. 2. Семьи зарубежных соотечественников: В эту категорию входят семьи китайских корейцев и корё сарам. Обладатели визы H-2 с ограниченным сроком пребывания в Корее до 4 лет и 10 месяцев и имеющие право работать только в «трудоемких» отраслях» (так называемые 3D-отрасли), при переезде в регионы с низким уровнем населения и при условии постоянного проживания там более двух лет, могут получить региональную специализированную визу (F-4-R), которую можно постоянно продлевать и продолжать непрерывно работать. Также, супруги, которые не являются этническими корейцами и имеют визу члена семьи соотечественника F-1) и не имеют права работать, могут получить региональную специализированную визу с правом на работу (F-1-R).

27 октября 2022 года Азиатский фонд развития провел конференцию на тему «Региональные специализированные визы» (тип 2) и дискуссию о корейских колхозах с участием члена Национальной ассамблеи города Чечхон и округа Даньян Ом Тэ Ёна и издания «AsiaN». Целью мероприятия было обсудить, как региональный визовый проект мог бы помочь соотечественникам, живущим в Корее. Основное внимание было уделено тому, как семьи, уже проживающие вблизи промышленных зон в различных регионах Кореи, могли бы воспользоваться региональной визой, если они переедут в населенные пункты с низкой численностью населения. Такая виза позволила бы им продолжать

работать на фабриках или в сельских районах, а также дала возможность супругам других национальностей, не имеющим права на работу, получить возможность легально работать. Название «колхоз» было использовано в контексте обсуждения, чтобы подчеркнуть, что корейские поселения в

Постер «Дискуссия о корейских колхозах»

Республике Корея, несмотря на трудности, которые они пережили, напоминают коллективные хозяйства эпохи Советского Союза, поскольку оба типа общин сталкиваются с похожими проблемами и вызовами.

В рамках пилотного проекта региональных специализированных виз (с октября 2022 по октябрь 2023 года) 28 из 89 муниципалитетов, входящих в число регионов с тенденцией снижения численности населения, приняли участие в данной инициативе. Однако только город Чечхон провинции Чхунчхон-Пукто официально инициировал программу по миграции и адаптации возвращающихся соотечественников (корё сарам) как меры преодоления кризиса сокращения численности населения и уменьшения региона. Город Чечхон помогает с адаптацией, создав Центр поддержки зарубежных соотечественников и выдавая «карты жителя города Чечхон» этническим корейцам, мигрирующим в Чечхон.

С 2024 года программа региональных специализированных виз стала постоянной. В этом году количество муниципалитетов, участвующих в проекте, выросло до 66. Это связано с тем, что программа показала свою эффективность в увеличении числа работающего населения и поддержке экономической активности в регионах. В отличие от пилотного проекта 2022-2023 годов, в 2024 году увеличился интерес к программе среди муниципалитетов, особенно к типу 2 (виза для соотечественников). В рамках этой программы муниципалитетам предоставлена возможность рекомендовать конкретных людей для получения визовых льгот, что делает успешное привлечение (виза для соотечественников) более важным, поскольку результаты этого будут учтены при распределении квот для типа 1 (квалифицированные специалисты) в следующем году.

Помимо Чечхона в провинции, Северный Чхунчхон, который уже активно реализует программу, города, такие как Ёнчхон в провинции Кёнбук и Иксан в провинции Чонбук, также проявляют интерес к проекту по привлечению зарубежных соотечественников. Эти муниципалитеты разрабатывают политику, направленную на привлечение мигрантов и поддержку в процессе интеграции. Если местные власти гарантируют трудоустройство, доступное жилье и качественное образование для детей, семьи зарубежных соотечественников, проживающих в столичном регионе,

I. Читаем вместе историю корё сарам

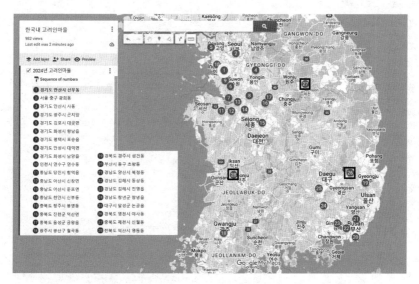

Деревни корё сарам в Корее. Красная линия: строящиеся районы (Источник: Корейский исследовательский центр)

будут готовы рассмотреть переезд в небольшие города, расположенные вблизи крупных региональных центров. Это позволит им быстрее осуществить свою «корейскую мечту», поскольку в таких местах могут быть предоставлены лучшие условия для жизни и работы.

# II

## 한국
## 생활
## 상담사례

Примеры
консультирования по
жизни в Корее

처음에는 일자리를 찾아, 근래에는 정착하기 위해 한국을 찾는 '귀환' 고려인. 중앙아시아 거주 시기에 한국어를 상실했기 때문에, 또 한국의 생활문화가 낯설 수밖에 없어서 러시아어로 소통하고 생활의 편리를 위해 자연스럽게 모여 살기 시작했다. 그러나 한국인의 도움이 필요했다.

안산시 단원구 선부동에 있는 야학과 각종 상담을 위한 작은 공간인 고려인센터 '너머'에 고려인들이 모이기 시작했다. 같은 안산시라도 멀리 떨어진 상록구 사동의 고려인들도 땟골과 같은 '너머'가 필요했다. 사동의 고려인들이 스스로 '공간'을 만들고 도움을 청했다. 고려인센터 '미르'가 만들어진 계기였다.

한국살이를 시작한 고려인이 맞닥뜨리는 한국 생활을 ① 출입국 및 체류, 비자 자격, 영주권, 국적취득, ② 노동 관련 문제 및 산업재해, ③ 일상생활 및 의료 등으로 나누어 상담한 사례를 정리했다.


Сначала «вернувшиеся» корейцы приезжали в Корею в поисках работы, а в последнее время — чтобы обосноваться тут. Поскольку они утратили корейский язык в период проживания в Центральной Азии и были незнакомы с корейской культурой, они, естественно, стали общаться на русском языке и для удобства жить рядом. Но была необходима помощь местных корейцев.

Корё сарам начали собираться в Центре поддержки корё сарам «Номо» — небольшом помещении для вечерних занятий и различных консультаций в Сонбу-доне, Данвон-гу, город Ансан. На другом конце города в районе Са-дон, Саннок-гу, тоже требовался «Номо». И корё сарам из Са-дона создали для себя «пространство» и попросили о помощи. Это и стало возможностью для создания Центра корё сарам «Мир».

Мы обобщили случаи консультирования по жизни в Корее, с которыми столкнулись корё сарам, которые начали жить в Корее, разделив их на три части: 1. Консультации по вопросам иммиграции и пребыванию в Корее, получению визы, постоянного места жительства (ПМЖ) и приобретению гражданства; 2. Консультации по вопросам труда и несчастных случаев на производстве; 3. Вопросы, связанные с повседневной жизнью и медицинским обслуживанием.

고려인의 한국 생활 상담사례는 한국어를 공부하는 고려인과 고려인을 돕는 활동가와 연구자를 위한 내용이므로 한글과 러시아어를 함께 실었다.

Примеры консультирования по жизни в Корее предназначены для корё сарам, живущих в Корее и изучающих корейский язык, а также для активистов и исследователей, которые оказывают помощь корё сарам. Поэтому материал изложен как на корейском, так и на русском языке.

# 1      출입국 및 체류, 비자 자격, 영주권, 국적취득 관련 상담

**Консультации по вопросам иммиграции и пребыванию в Корее, получению визы, постоянного места жительства (ПМЖ) и приобретению гражданства**

- 1345 전화하기
  Звонок по номеру 1345

- 자주 물어보는 질문
  Часто задаваемые вопросы

# 1345 전화하기

Звонок по номеру 1345

법무부에서 운영 중인 외국인종합안내센터에 전화하면 국내 체류 및 비자, 영주권과 국적취득, 비자 변경, 비자 자격에 따른 취업요건, 출입국사무소 위치 등 모든 비자 관련 문제를 가장 정확하고 빠르게 무료로 상담받을 수 있어요. 러시아어 서비스도 운영되고 있으니 부담 없이 전화하여 상담을 받아보세요.

Позвонив в Информационный центр для иностранцев при Министерстве юстиции, вы можете получить бесплатную, точную и быструю консультацию по всем визовым вопросам. Это включает вопросы пребывания в стране, виз, получения постоянного места жительства и гражданства, а также изменение визы и требования к трудоустройству, в зависимости от визовых требований и местоположения иммиграционного офиса. Услуги также предоставляются на русском языке, поэтому смело звоните для консультации.

외국인종합안내센터 전화번호는 국번 없이 1345번입니다. 이후 안내음을 들은 다음 0번과 별표를 누르고 기다리면 러시아어로 안내가 나와요. 러시아어 안내에 따라 궁금증을 해결하세요.

Чтобы позвонить в Информационный центр для

иностранцев, наберите 1345 без кода города. Прослушав автоответчик с голосовым меню, нажмите 0, затем звездочку и подождите. Вы получите подсказку на русском языке. Следуйте инструкциям на русском языке, чтобы получить ответы на свои вопросы.

한국에 사는 외국인들을 위한 복지 서비스라 러시아어 이외에 한국어, 영어, 중국어, 일본어, 베트남어 등 다양한 언어가 나오니 모르는 말이 나오더라도 당황하지 말고 잠깐 기다리면 러시아어 통역사와 연결될 거예요.

Эта служба социального обеспечения иностранцев, проживающих в Корее, предлагает консультации на различных языках, включая корейский, английский, китайский, японский и вьетнамский, помимо русского. Если вы столкнетесь с чем-то, что вам не понятно, не паникуйте. Просто подождите немного, и вас подключат к русскому переводчику.

# 자주 물어보는 질문

Часто задаваемые вопросы

① **체류기간 만료일이 다가와 연장해야 하는데 어떻게 해야 하나요?**

Срок моего пребывания истекает, и мне нужно его продлить. Что мне делать?

가까운 지역 출입국사무소에 방문하여 체류연장 신청을 해야 합니다. 출입국사무소에 방문하기 전에 먼저 방문예약을 신청해야 합니다. 인터넷으로 하이코리아(www.hikorea.go.kr)에 접속 후 방문예약(신청하기) 메뉴에서 신청 가능합니다. 체류기간 만료 4개월 전부터 체류기간 연장 신청이 가능합니다. 스스로 하기 어려울 때는 근처 외국인지원기관이나 행정사를 이용합니다. 행정사는 유료이며 출입국 관련 제반 업무를 대행해주어 이용하기에 편리합니다.

Вам необходимо посетить ближайший местный иммиграционный офис для подачи заявления на продление пребывания. Прежде чем идти в офис, вы можете зайти на сайт Hi Korea (www.hikorea.go.kr) и подать заявку из меню бронирования посещения. Заявление на продление пребывания можно подать за 4 месяца до истечения срока вашего пребывания. Если вам сложно сделать это самостоятельно, воспользуйтесь услугами ближайшего агентства поддержки иностранцев или агентства по оказанию административных услуг. Хотя за их услуги взимается комиссия, они удобно решают все вопросы, связанные с иммиграцией.

② **임대차계약서상 주소지에 현재도 살고 있지만 계약 기간이 지났어요. 체류기간 연장 시 출입국관리사무소에 이 계약서를 제출해도 되나요?**

Я по-прежнему проживаю по указанному адресу, но срок действия договора аренды истек. Могу ли я предоставить этот договор в иммиграционную службу при продлении срока моего пребывания?

괜찮습니다. 계약서를 따로 작성하지 않았으면 묵시적 임대차 계약 갱신법에 따라 지난 계약서도 인정됩니다.

Все в порядке. Если новый договор аренды не был подписан, предыдущий договор будет считаться действующим в соответствии с Законом о продлении подразумеваемого договора аренды.

③ **이사를 해서 거주지가 바뀌었어요. 신고해야 하나요?**

Я переехал и поменял место жительства. Должен ли я сообщить об этом?

거주지가 바뀌었을 경우에는 2주(14일) 이내에 출입국사무소나 행정복지센터에 거주지 변경신고를 해야 합니다. 신고하지 않고 적발되면 기간에 따라 범칙금 최대 100만 원 또는 과태료 최대 200만 원까지 내야 합니다.

Если ваше место жительства изменится, вы обязаны сообщить об этом в иммиграционную службу или административный центр социального обеспечения в течение 2 недель (14 дней). В противном случае вам грозит штраф до 1 миллиона вон, или до 2 миллионов вон в зависимости от длительности задержки.

④ 벌금을 많이 내면 비자갱신을 할 수 없다는데 얼마까지인가요?

Говорят, что если я заплачу много штрафов, я не смогу продлить визу. Какова максимальная сумма штрафа?

최근 3년 이내에 700만 원 이상 벌금을 냈으면 비자를 다시 받을 수 없습니다. 벌금은 내지 않았어도 마약, 성추행, 상습 음주운전 등으로 금고 이상의 형사처벌을 받아도 비자를 받을 수 없습니다.

Если вы оплатили штраф на сумму более 7 миллионов вон в течение последних 3 лет, вам будет отказано в повторном получении визы. Также вы не сможете получить визу в случае уголовного наказания за употребление наркотиков, сексуальные домогательства или вождение в нетрезвом виде.

⑤ **H2 비자 신청 때 재외공관에 범죄경력증명서 제출했어요. F4 자격변경 신청할 때 범죄경력증명서를 다시 제출해야 하나요?**

При подаче заявления на визу H-2 я предоставил справку о несудимости в посольство за границей. Нужно ли мне повторно подавать справку о несудимости при подаче заявления на изменение статуса F-4?

제출하지 않아도 됩니다. 단 6개월 이상 해외에 나갔었다면 다시 제출해야 합니다.

Не нужно. Но если вы находились за пределами Республики Корея более 6 месяцев, вы должны предоставить ее.

⑥ **H2 비자로 한국에서 일하다 만기 출국하고 H2 비자를 다시 받아 재입국했습니다. 외국인 등록 할 때 건강검진서와 조기적응 프로그램을 다시 받아야 하나요?**

Я работал в Корее по визе H-2, покинул страну, когда срок ее действия истек, и снова въехал по визе H-2. Нужно ли мне при регистрации в качестве иностранца повторно проходить медицинское обследование и программу ранней адаптации?

조기적응 프로그램은 다시 받을 필요 없고 건강검진서만 다시 제출하면 됩니다.

Программу ранней адаптации проходить снова не нужно, достаточно повторно предоставить медицинскую справку.

⑦ **F5(영주권) 받으려면 한국에 자산이 있어야 한다는데 얼마나 있어야 하나요? 보증금도 포함되나요?**

Чтобы получить F-5 (вид на жительство), требуется наличие активов в Корее. Сколько именно активов нужно иметь? Включается ли в эту сумму депозит за аренду?

영주권을 받기 위해서는 일반적으로 한국에서 5년 이상 거주하고, 최근 1년간 본인 및 가족 소득의 합이 전년도 한국 GNI의 70% 이상이어야 하며, 가족 및 가족 명의로 대략 미화 3만 달러 이상의 자산이 있어야 합니다. 자산은 예금, 보증금 모두 포함됩니다.

Чтобы получить вид на жительство (визу F-5), необходимо, как правило, проживать в Корее не менее5 лет. Также в течение последнего года общий доход вас и вашей семьи должен составлять не менее 70% от валового национального дохода (GNI) Кореи за предыдущий год. Кроме того, у вас и вашей семьи должно быть примерно 30 тысяч долларов США активов. В эту сумму включаются как депозиты, так и арендные залоги.

비자 자격에 따라 영주권을 취득하기 위한 조건이 복잡하고 상황에 따라 조금씩 다르니 자세한 내용은 1345에 전화하여 꼼꼼히 확인하거나 행정사와 상담하는 것이 좋습니다.

Условия для получения постоянного места жительства могут быть сложными и различаться в зависимости от типа визы и ситуации, поэтому для получения точной информации рекомендуется позвонить по номеру 1345 или проконсультироваться со специалистом по административным вопросам.

⑧ **한국 체류 중 아기를 낳았는데 출생신고를 해야 하나요?**

Я родила ребенка во время пребывания в Корее. Нужно ли мне регистрировать рождение ребенка?

출생신고는 국적국과 한국 모두에 해야 합니다. 자녀 출생일로부터 90일 이내에 관할 출입국사무소에 F1 체류자격 신청을 해야 합니다. 90일이 경과하면 과태료가 부과되니 늦지 않게 하시기 바랍니다. 통합신청서, 여권, 증명사진, 출생증명서, 외국인등록증 등이 필요합니다.

Регистрация рождения должна быть произведена как в стране вашего гражданства, так и в Корее. Вы должны подать заявление на получение статуса F-1 в местный иммиграционный офис в течение 90 дней с даты рождения ребенка. По истечении 90 дней будет начислен штраф, поэтому не откладывайте данную процедуру. Для подачи заявления понадобятся следующие документы: заявка установленного образца, паспорт, фотография, свидетельство о рождении, регистрационная карта иностранца и т. д.


⑨ **거소 사실 증명서는 어디에서 발급받을 수 있나요?**

Где я могу получить справку с места жительства?

출입국관리사무소나 지역 행정복지센터, 구청 등에서 발급받을 수 있습니다.

Ее могут выдать в иммиграционном офисе, местном административном центре социального обеспечения или окружном офисе.

⑩ 등본이나 가족관계증명서를 제출하라는데 무엇을 어떻게 제출해야 하나요?

Меня просят предоставить заверенную копию или справку о родстве. Что и как мне нужно предоставить?

출생증명서, 결혼증명서 등을 한글로 번역하여 가까운 공증서에서 공증을 받아 제출하면 됩니다.

Вы можете перевести свое свидетельство о рождении, свидетельство о браке и т. д. на корейский язык, заверить его в ближайшей нотариальной конторе и предоставить их в соответствующее учреждение.

# 2 노동 관련 문제 및 산업재해 관련 상담

Консультации по вопросам труда и несчастных
случаев на производстве

- 근로기준법과 ILO(국제노동기구)와의 협약
  Законодательство о трудовых стандартах и соглашение
  с Международной организацией труда (МОТ)

- 자주 물어보는 질문
  Часто задаваемые вопросы

# 근로기준법과 ILO(국제노동기구)와의 협약

Законодательство о трудовых стандартах и соглашение с Международной организацией труда (МОТ)

한국은 노동자의 권리와 기본적인 근로조건을 보호하기 위해 근로 기준법을 제정해 시행하고 있어요. 이 법은 모든 근로자와 사용자가 한 국에서 준수해야 하는 노동 관련 문제들인 최저임금, 근로시간, 산업재 해, 휴가, 퇴직금, 국민연금 등의 기준들을 정하고 있어요.

В Корее для защиты прав работников и обеспечения базовых условий труда был принят и применяется Закон о трудовых стандартах. Этот закон устанавливает требования, касающиеся минимальной заработной платы, рабочего времени, охраны труда, отпусков, выходных пособий, национального пенсионного страхования и других вопросов, которые должны соблюдаться всеми работниками и работодателями в Корее.

ILO(국제노동기구)와 맺은 협약의 차별금지 조항에 따라 외국인 노 동자도 한국인과 동일하게 근로기준법을 적용받아요.

Согласно антидискриминационным положениям соглашения, заключенного с МОТ (Международной организацией труда), на иностранных рабочих распространяется тот же закон о трудовых стандартах, что и на корейцев.

ILO는 노동자들의 권리와 근로 환경을 개선하기 위해 설립된 UN 산하의 전문기구로 국제 노동 기준을 정하고 감시와 평가, 협력 등으로 노동자들의 권리를 보호하고 있어요.

MOT — специализированная организация при Организации Объединенных Наций, созданная для улучшения прав трудящихся и улучшения условий труда. Она устанавливает международные трудовые стандарты и защищает права трудящихся посредством мониторинга, оценки и сотрудничества.

노동 관련 문제가 생겼을 때는 주변 고려인 센터나 외국인 관련 센터를 방문해 상담하고 적극적으로 대처해 나가세요.

В случае возникновения трудовых проблем рекомендуется обратиться за консультацией в местные центры поддержки корё сарам или центры для иностранцев и активно решать возникшие вопросы.

# 자주 물어보는 질문

Часто задаваемые вопросы

① **사장님이 임금을 주지 않아요. 어떻게 해야 하나요?**

Начальник не платит зарплату. Что нужно делать?

임금은 아무리 늦어도 14일 이내에 사용자가 노동자에게 전액 지급해야 합니다. 14일이 지나면 사는 지역 노동청에 임금체불 신고를 할 수 있습니다. 임금체불 신고를 할 때 제일 중요한 것이 근로계약서입니다. 만약 계약서를 쓰지 않았다면 언제부터 언제까지 어디에서 몇 시간 일했는지 입증할 수 있는 증거가 있어야 합니다. 입증할 자료가 없으면 같이 일한 동료들의 증언이 증거가 될 수 있습니다.

При подаче жалобы на задержку зарплаты важнейшим документом является трудовой договор. Если договор не был оформлен, необходимо предоставить доказательства работы, такие как период работы, место и количество отработанных часов. Если таких доказательств нет, то в качестве доказательства, можно использовать свидетельства коллег, которые работали с вами.

아무런 증거자료가 없다면 사장과의 체불임금 관련 대화나 통화를 유도하여 그 내용을 녹음해두어도 됩니다.

Если нет никаких доказательств, можно попытаться записать разговор с работодателем о задолженности по зарплате, чтобы зафиксировать эти сведения.

통화를 유도할 때는 언제부터 언제까지 일한 얼마를 언제까지 줄 것인지 구체적으로 묻는 것이 좋습니다.

При проведении такого разговора рекомендуется конкретно спросить, за какой период работы, какую сумму и когда работодатель планирует выплатить.

노동청에 임금체불 신고를 하면 사장과 노동자 모두 불러 위와 같은 것들을 확인한 후 체불임금을 받을 수 있도록 중재해줍니다.

Если вы сообщите о невыплаченной заработной плате в бюро по трудоустройству, они позвонят как работодателю, так и работнику, проверят все вышеперечисленное, а затем выступят посредником, чтобы вы могли получить невыплаченную заработную плату.

간혹 신고해도 임금을 안 주며 버티는 악덕 사장들이 있습니다. 이럴 때는 임금청구 소송을 통해 해결해야 하는데 지역의 법률구조공단에서 무료로 소송을 대행해줍니다. 이후 판결문(이행권고 결정문)이 나오면 관할 근로복지공단에 간이대지급금을 신청하여 체불임금을 수령할 수도 있습니다.

В редких случаях работодатели могут отказываться платить, несмотря на жалобу. В таких ситуациях необходимо подать иск о взыскании заработной платы, и местное юридическое бюро предоставит бесплатную помощь в ведении дела. После вынесения решения суда (решения о выполнении) вы можете подать заявление на получение временной выплаты в соответствующий Фонд трудового обеспечения, чтобы получить задержанную зарплату.

어디에서 누구와 일했는지 기록해두는 습관이 중요합니다. 근로계약서가 제일 중요하니 되도록 잘 보관해두고, 잘 모르겠을 때는 명함과 사진으로라도 남겨두세요.

Важно выработать привычку вести учет того, где и с кем вы работали. Трудовой договор является важным документом, поэтому храните его бережно, а если у вас его нет, записывайте информацию о работодателе и месте работы, собирайте информацию с помощью визиток и фотографий.

특히 건설현장은 하도급이 많아 원청에서 임금을 지불했는데 하청 사장(오야지, 작업반장)이 안 주는 경우가 많습니다. 이럴 때 원청도 연대 책임을 지게 하고 있으므로 원청 연락처도 확보해두세요.

Особенно это актуально на строительных работах, где часто встречаются субподряды. В таких случаях часто бывает так, что генеральный подрядчик выплачивает зарплату, но субподрядчик (мастер, бригадир) её не передает. В таких случаях генеральный подрядчик также несет солидарную ответственность, поэтому не забудьте сохранить контактные данные генерального подрядчика.

## ②　일하다 다쳤는데 치료비나 보상을 받을 수 있나요?

Я получил травму на работе. Могу ли я получить возмещение за медицинские расходы или компенсацию?

외국인 노동자는 합법취업, 불법취업 또는 등록, 미등록 등 여부를 불문하고 산재보상의 대상이 됩니다. 일반적으로 업무 중 재해를 입게 될 경우 사업장에서는 공상 처리나 산업재해 처리를 합니다.

Иностранные рабочие имеют право на компенсацию за производственные травмы независимо от того, работают ли они легально, нелегально, зарегистрированы или нет. Обычно, если работник получает травму на рабочем месте, предприятие обрабатывает это как компенсацию по рабочему несчастному случаю или как производственную травму.

공상 처리든 산재 처리든 고용주는 노동자에게 치료비와 요양으로 인한 휴업급여, 장애가 남을 경우 장애 보상까지 해주어야 합니다.

В любом случае, работодатель обязан оплачивать лечение, компенсацию за временную нетрудоспособность и, если останется инвалидность, компенсацию за инвалидность.

크게 다친 것이 아닐 경우 통상 고용주와 노동자가 협의하에 공상 처리를 합니다. 하지만 크게 다쳤거나 장애가 남을 가능성이 있는 경우 산업재해 신청을 하는 것이 바람직합니다. 후에 질병이 악화되어 치료비가 더 필요해도 공상 처리로 마무리되면 보상을 더 받을 수 없기 때문입니다.

Это необходимо, чтобы избежать ситуации, когда болезнь ухудшается и требуется дополнительное лечение, а компенсация уже завершена.

이런 업무를 정확하게 처리하는 사람들을 노무사라고 합니다. 보상액으로 얼마나 받아야 할지 등을 정확히 계산하고 일을 대행해주며 보상이 끝나면 보상액에서 10%에서 20% 정도를 보수로 받습니다.

Специалисты, которые занимаются непосредственно решением таких вопросов, называются адвокатами по трудовым делам. Они помогают точно рассчитать сумму компенсации, выполняют работу по ее оформлению и получают 10-20% от суммы компенсаци в качестве вознаграждения.

③ **고려인마을에서 상점이나 식당을 열고 싶은데 어떻게 해야 하나요?**
Я хочу открыть магазин или ресторан в деревне корё сарам. Что мне делать?

개인사업자로 상점을 여는 절차는 의외로 간단합니다. 하지만 사업계획과 예산계획을 꼼꼼히 세워야 합니다. 우선 상점의 이름(상호)을 정하고, 판매할 상품이나 서비스의 종류를 결정합니다. 상점을 열 위치를 결정하고 임대차 계약을 체결한 후 인테리어 및 필요한 장비, 시설을 준비합니다. 혹은 준비된 상점을 인수합니다.

Процедура открытия магазина в качестве индивидуального предпринимателя на удивление проста. Однако вы должны тщательно разработать свой бизнес-план и посчитать бюджет. Сначала определитесь с названием вашего магазина и типами товаров или услуг, которые вы хотите продавать. После принятия решения о том, где открыть магазин и заключения договора аренды, займитесь подготовкой интерьера и необходимого оборудования. Или возьмите под свое управление готовый магазин.

가까운 세무서에 신분증, 사업장 임대차계약서를 가지고 가서 사업자등록신청서를 작성합니다. 이후 문제가 없을 시 1주일에서 2주일 사이에 개인사업자 등록증을 받을 수 있습니다.

Затем вам нужно посетить ближайшее налоговое управление с удостоверением личности и договором аренды бизнеса, чтобы заполнить заявление на регистрацию предпринимательской деятельности. Если проблем не возникнет, вы сможете получить свидетельство о регистрации индивидуального бизнеса в течение 1-2 недель.

업종에 따라 추가로 필요한 인허가가 있는지 관할 지자체에도 확인해야 합니다. 예를 들어 음식점이라면 식품위생법에 따른 관할 지자체 위생과의 허가가 필요합니다. 사업자등록증, 신분증, 임대차계약서, 도면(사업장 내부구조), 위생교육 수료증이 필요합니다.

Вам также следует уточнить в местных органах власти, требуются ли какие-либо дополнительные разрешения в зависимости от типа вашего бизнеса. Например, если вы работаете в ресторане, вам необходимо разрешение от департамента гигиены местного правительства в соответствии с Законом о пищевой санитарии. Для получения разрешения понадобятся следующие документы: свидетельство о регистрации бизнеса, удостоверение личности, договор аренды, план (внутреннее расположение помещений) и сертификат о прохождении санитарного обучения.

위생교육은 담당 보건소 또는 지자체 지정 교육기관에서 받을 수 있습니다.

Санитарное обучение можно пройти в местной санитарной службе или в учреждении, назначенном местными властями.

지자체의 위생 담당자가 사업장을 방문하여 위생 상태, 시설 등을 점검한 후 허가증을 발급합니다.

После проверки санитарного состояния и оборудования бизнеса, санитарный инспектор местного органа власти выдаст разрешение.


④ 일하는 데서 성희롱을 당해 책임자에게 항의했지만 그런 일로 분란을 일으키지 말라고 오히려 저한테 뭐라고 해서 어떻게 해야 할지 모르겠어요.

Я столкнулся с сексуальным домогательством на работе и пожаловался ответственному лицу, но вместо того чтобы принять меры, они сказали мне не создавать проблем и даже отчитали меня. Я не знаю, что делать в такой ситуации.

'직장 내 성희롱'이란 사업주, 상급자 또는 근로자가 직장 내의 지위를 이용하여 성적 언동 등으로 성적 굴욕감 또는 혐오감을 느끼게 하거나 요구에 따르지 않았다는 이유로 불이익을 주는 것을 말합니다.

«Сексуальное домогательство на рабочем месте» означает, что работодатель, начальник или работник пользуется своим положением на рабочем месте, чтобы вызвать у человека чувство сексуального унижения или отвращения посредством сексуальных высказываний или действий, или наносит ущерб из-за отказа выполнять такие требования.

사업주는 성희롱 신고를 받거나 직장 내 성희롱 발생 사실을 알게 된 경우 바로 그 사실 확인을 위한 조사를 해야 하고, 조사 기간 동안 피해자를 보호하는 조치를 해야 합니다.

Когда работодатель получает сообщение о сексуальных домогательствах или узнает, что сексуальные домогательства имели место на рабочем месте, он должен немедленно провести расследование для подтверждения фактов и принять меры для защиты жертвы в период расследования.

성희롱 피해를 당했으나 사업주가 적절한 조치를 취하지 않았을 경우 지방노동청에 신고할 수 있고, 국가인권위원회에 진정할 수 있습니다. 또한, 성희롱의 정도를 넘어서는 강제추행 등의 성범죄에 대해서는 상대방을 수사기관에 고소할 수 있습니다.

Если вы стали жертвой сексуальных домогательств, но ваш работодатель не предпринял соответствующих действий, вы можете сообщить об этом в местное бюро труда или подать жалобу в Национальную комиссию по правам человека. Кроме того, если домогательства переходят в более серьезные преступления, такие как насильственные действия, вы можете подать заявление в правоохранительные органы.

가까운 고려인센터나 외국인센터에 찾아가 상담을 받고 도움을 요청하세요.

Обратитесь за консультацией и помощью в ближайший центр поддержки корё сарам или центр поддержки для иностранцев.

⑤ 일하면서 국민연금을 냈는데 이제 한국 생활을 정리하고 귀국하려고 합니다. 그동안 낸 국민연금을 저도 받을 수 있나요?

Я платил взносы в Национальной пенсионный фонд во время работы в Корее, но теперь собираюсь завершить свое пребывание в Корее и вернуться на родину. Могу ли я получить возврат уплаченных взносов в пенсионный фонд?

네, 받을 수 있습니다. 그동안 한국에서 일하며 낸 국민연금을 받기 위해서는 귀국 전에 지역 국민연금공단에 가서 퇴사 신고를 하고 반환 일시금 청구서를 제출해야 합니다. 그러면 출국 당일 공항에서 받을 수 있습니다. 출국일이 토요일, 일요일, 공휴일, 12월 최종영업일이면 공항 지급이 불가하며 국내 계좌이체 또는 해외송금을 이용해야 합니다.

Да, вы можете получить возврат уплаченных взносов в Национальный пенсионный фонд. Для этого необходимо до отъезда из Кореи обратиться в местное отделение Национального пенсионного фонда и подать заявление на возврат. В таком случае вы сможете получить деньги в аэропорту. Если дата вашего выезда совпадает с выходным днем или последним рабочим днем декабря, получение средств в аэропорту будет невозможно, и вам придется воспользоваться переводом на внутренний счет в Корее или международным денежным переводом.

원칙적으로 외국인 근로자 본인이 직접 국민연금공단 지사에 방문해 국민연금 반환신청을 해야 하지만, 이미 출국했다면 해외 거주를 사유로 대리인을 통해 청구하거나 직접 우편으로 청구할 수도 있습니다.

По правилам, иностранный работник должен лично посетить отделение Национального пенсионного фонда для подачи заявления на возврат пенсионных взносов. Однако, если вы уже выехали, вы можете подать заявление через представителя или отправить его по почте с указанием места жительства за границей.

필요한 서류는 반환일시금 지급청구서, 신분증(여권과 외국인등록증) 2개, 항공권(e-ticket, 항공권 구매확인서 등)입니다.

Для подачи заявления на возврат понадобятся следующие документы: заявление на возврат единовременной суммы; два документа, удостоверяющих личность (паспорт и регистрационная карта иностранца); билеты на самолет (электронный билет, подтверждение покупки билета и т. д.).

또한, 한국 계좌라면 본인의 통장 사본, 해외 계좌라면 bank statement 등 영문 예금주와 계좌번호, 은행 코드 등을 확인할 수 있는 서류도 필요합니다.

Для корейского счета — копия вашего банковского счета. Для международного счета — выписка из банка на англлийском языке, содержащая информацию о владельце счета, номера счета и код банка.

### ⑥ 한 공장에서 일하다 문제가 생겨 다른 공장에 가게 되었습니다. 퇴직금을 받을 수 있나요?

Я работал на одном заводе, и у меня возникла проблема, поэтому я пошел на другой завод. Могу ли я получить выходное пособие?

퇴직금은 근로자가 다니던 직장을 그만두었을 때 회사로부터 받는 급여입니다. 한 공장에서 근무한 기간이 1년 이상이고 주당 평균 근로 시간이 15시간 이상이라면 퇴직금을 받을 수 있습니다.

Выходное пособие — это заработная плата, которую работник получает от компании при увольнении. Если вы работали на одномм предприятии более одного года и ваша средняя рабочая неделя составляла 15 часов или больше, вы имеете право на получение выходного пособия.

정규직이든 계약직이든 상관없이 해당 기준을 충족하면 퇴직금을 받을 수 있습니다. 근로자 퇴직급여보장법에 따라 회사는 퇴직금을 지급할 의무가 있습니다.

Это правило распространяется как на постоянных, так и на временных сотрудников, при условии, что они соответствуют указанным критериям. В соответствии с Законом о гарантии выплаты выходного пособия, компании обязаны выплачивать выходное пособие.

만약 위 조건이 충족되었는데 퇴직금을 주지 않겠다고 하면 먼저 회사와 대화를 해보아야 합니다. 회사가 퇴직금을 주지 않겠다는 이유가 무엇인지 생각을 들어보고 상호합의를 시도해보아야 합니다. 합의가 불발되었을 경우 지방노동청에 신고하여 퇴직금 지급을 강제할 수 있습니다.

Если вы удовлетворяете этим условиям, но компания отказывается выплачивать выходное пособие, сначала попробуйте обсудить ситуацию с компанией. Узнайте причины отказа и попытайтесь достичь взаимного соглашения. Если соглашение не будет достигнуто, вы можете подать жалобу в местное управление труда, чтобы принудить компанию выплатить пособие.

신고를 접수한 뒤, 노동청에서 감독관이 배정되어 근로자와 사업주의 주장을 확인하고 조사를 진행합니다. 근로계약서, 임금명세서, 출퇴근 기록, 대화 내용 등 근로 사실에 관한 증거자료가 있으면 도움이 됩니다.

После подачи жалобы в управление труда будет назначен инспектор, который проверит заявления как работника, так и работодателя и проведет расследование. Наличие доказательств, таких как трудовой договор, расчетные листки, записи о посещаемости для подтверждения ваших требований.

⑦ 저는 한 사업장에서 파견업체(용역업체)를 통해 4년 동안 일했습니다. 퇴사 후 회사에 퇴직금 지급을 요청했지만 거절당했고 파견업체에 문의해도 책임이 없다는 답변만 받았습니다. 나중에 확인해보니 근무 기간 동안 파견업체가 다섯 번 변경되었다는 사실을 알게 되었습니다. 퇴직금을 받을 방법이 없나요?

Я работал 4 года на одном предприятии через агентство по временному трудоустройству. После увольнения я запросил у компании выплату выходного пособия, но получил отказ, а когда я обратился в агентство по временному трудоустройству, получил ответ, что они не несут ответственности. Позже я проверил и узнал, что в течение моего периода трудоустройства агентство по временному трудоустройству менялось 5 раз. Есть ли способ получить выходное пособие?

이런 경우 문제가 복잡하지만 파견(용역)업체를 상대로 노동청에 진정을 넣어볼 수 있습니다. 일부 악덕 파견업체들은 수시로 이름을 변경하며 계속근로기간 1년 미만이 되게 하여 퇴직금 지급을 피하려 합니다.

В этом случае проблема усложняется, но вы можете подать жалобу в Управление по труду на агентство по временному трудоустройству. Некоторые недобросовестные агентства по найму пытаются избежать выплаты выходного пособия, часто меняя названия и так, чтобы срок их непрерывной работы не превышал одного года.

일단 진정서를 넣으면 노동청에서 조사가 시작되는데 만약 근로감독관이 연속근로를 인정하지 않는다면 파견업체 간 고용 승계를 주장해야 합니다.

После того как вы подадите письменное заявление, бюро по трудоустройству начнет расследование. Если инспектор труда не признает непрерывную занятость, вы должны настаивать на преемственности трудоустройства между агентствами по временному трудоустройству.

또한, 파견업체가 변경될 경우 사용사업체와 파견업체 간 도급계약서를 제대로 작성했는지도 확인해보아야 합니다. 그리고 해당 노동자가 재직 사업장에서 근로자들과 함께 일하고 사업장으로부터 직접 지휘·명령을 받았다면 그 사실을 그대로 진술해줄 증인도 필요합니다.

Дополнительно в случае смены агентства по временному трудоустройству необходимо проверить правильность оформления договора подряда между компанией-работодателем и агентством по временному трудоустройству. Также, если заявитель работал на текущем рабочем месте и получал прямые команды и распоряжения, для подтверждения этого факта также необходим свидетель.

이런 사실이 확인될 경우 사용업체와 파견업체 모두 불법파견 및 고용에 책임을 져야 하는 부담이 생깁니다. 즉 위장도급으로 판정될 수도 있고 형사처분과 과태료는 물론 더는 도급계약을 유지할 수 없게 되어 문제가 커지기 전 퇴직금을 주기도 합니다.

Если этот факт подтвердится, как компания-работодатель, так и агентство по трудоустройству будут нести ответственность за незаконную отправку на работу и трудоустройство. Другими словами, это может быть квалифицированно как незаконные действия и это не только может подлежать уголовным санкциям и штрафам, но также обязует к выплате выходного пособия поскольку контракт больше не может быть соблюден.

# 3

## 일상생활 및 의료 관련 상담

### Вопросы, связанные с повседневной жизнью и медицинским обслуживанием

- 주변의 경험 많은 이웃과 복지시설을 찾으세요
  Найдите поблизости опытных соседей и
  социальные учреждения
- 자주 물어보는 질문
  Часто задаваемые вопросы

# 주변의 경험 많은 이웃과 복지시설을 찾으세요

Найдите поблизости опытных соседей и
социальные учреждения

한국에 살면서 어려운 일이 생기면 혼자 고민하지 말고 주변의 이웃을 찾아가보세요. 먼저 한국에 와서 생활하며 이미 많은 경험과 노하우를 가진 이웃들이 많을 거예요.

Если у вас возникают трудности, живя в Корее, не оставайтесь наедине с проблемами, а обратитесь за помощью к окружающим. Здесь есть много людей, которые уже имеют богатый опыт и советы по жизни в Корее.

사는 곳에 고려인이나 외국인을 위한 복지센터가 있는지도 찾아보세요. 외국인이 많이 사는 도시나 마을일 경우 대부분 외국인 지원센터가 있고 여러분의 한국 생활을 지원하기 위해 무료로 운영되고 있습니다.

Также узнайте, есть ли там, где вы живете, центр социальной помощи для корё сарам или иностранцев. В городах и районах, где проживает много иностранцев, обычно есть центры поддержки иностранцев, которые работают бесплатно, оказывая помощь в адаптации к жизни в Корее.

간단한 러시아어 통역이 필요하면 국번 없이 1588-5644 무료 통역 서비스를 이용하세요. 전화를 걸면 누구나 무료로 실시간 통역 봉사 서비스를 이용할 수 있어요.

Если вам нужен простой перевод на русский язык, воспользуйтесь бесплатной службой устного перевода по телефону 1588-5644 без кода города.

1588-5644로 전화를 걸고 언어 선택 안내를 들은 후 러시아어 내선번호를 선택하면 러시아어를 할 줄 아는 통역 자원봉사자의 휴대폰으로 연결됩니다. 어렵지 않으니 한번 사용해보세요.

Позвонив по этому номеру, вы сможете получить бесплатную услугу перевода в реальном времени. Позвоните по номеру 1588-5644, прослушайте инструкции, затем выберите русский язык посредством добавочного номера и вас подключат к мобильному телефону русскоязычного переводчика-волонтера. Это не сложно, так что попробуйте использовать данную услугу.

# 자주 물어보는 질문

Часто задаваемые вопросы

① **러시아(중앙아시아) 운전면허증이 있는데 한국 운전면허증으로 바꾸고 싶어요. 어떻게 해야 하나요?**

У меня есть водительские права из России (Центральной Азии), и я хотел бы обменять их на корейские водительские права. Что мне для этого нужно сделать?

외국에서 발급받은 운전면허증을 한국 운전면허증으로 교환할 수 있어요. 먼저 운전면허증이 진짜인지 가짜인지 확인하기 위해 진본확인서(아포스티유)와 출입국사실증명서가 필요합니다.

Вы можете обменять водительское удостоверение, выданное в иностранном государстве, на корейское водительское удостоверение. Сначала вам необходимо подтвердить подлинность ваших водительских прав, для чего потребуются документы: сертификат подлинности (апостиль) и справка о фактах въезда и выезда.

아포스티유는 국적국 영사관에서 받을 수 있고 출입국사실증명서는 출입국관리사무소에서 받을 수 있어요. 그 후 러시아어 운전면허증을 한국어로 번역 공증하고 그 서류들을 지역 운전면허시험장에 제출하면 간단한 신체검사 후 한국 운전면허증을 받을 수 있어요.

Апостиль можно получить в консульстве вашей страны, а справку о фактах въезда и выезда — в иммиграционном офисе. Затем переведите на корейский язык и нотариально заверьте свои водительские права, после чего подайте все документы в местное отделение водительской экзаменационной службы. После несложного медицинского осмотра вы сможете обменять свои права на корейские.

② **이사해야 하는데 주인이 월세 보증금을 다 안 줘요. 왜 그런가요?**

Мне нужно переезжать, но домовладелец не возвращает мне всю сумму депозита за аренду. Почему это происходит?

먼저 임대차계약서를 확인해야 합니다. 계약이 끝나기 전이라면 주인은 다음 세입자를 들일 때 손해를 계산해 보통 한 달에서 두 달치 월세를 보증금에서 제하고 줄 수 있습니다. 보증금을 다 받고 싶다면 이사 가기 전에 본인 대신 거주할 다른 세입자를 구해보는 방법도 있습니다.

Сначала необходимо проверить договор аренды. Если срок договора еще не истек, арендодатель может удержать из депозита сумму, соответствующую одному-двум месяцам аренды, чтобы компенсировать возможные убытки, связанные с поиском нового арендатора. Если вы хотите получить полный депозит в полном размере, попробуйте найти другого арендатора до переезда.

그래서 임대차 계약이 끝나기 최소 한 달에서 두 달 전 주인에게 더는 계약을 연장하지 않고 이사하겠다는 통보를 해야 합니다. 그렇지 않으면 묵시적으로 계약이 2년 동안 자동 연장됩니다.

Поэтому вы должны уведомить арендодателя не менее чем за один-два месяца до окончания договора аренды о намерении не продлевать его и переехать. В противном случае, контракт автоматически продлевается на два года.

이사 갈 때 집주인과 그동안 사용한 가스비, 전기요금, 관리비를 날짜에 맞게 정산해야 합니다. 방을 더럽게 사용하거나 훼손한 경우 청소비용이나 수리비용을 요구할 수도 있습니다.

При переезде вы должны оплатить расходы на газ, электричество и обслуживание до момента переезда. Если вы оставили помещение в плохом состоянии или повредили его, арендодатель может потребовать оплату за уборку или ремонт.

이사 계획을 세우고 집주인과 미리 상의하는 것을 잊지 말아야 합니다.

Не забывайте заранее планировать переезд и обсуждать все вопросы с арендодателем.

③ **월셋집에 있던 집기들이 고장 났는데 수리를 해주지 않아요.**
Имущество в моей съемной квартире повреждено, но его не чинят.

집기들은 원칙적으로 집주인의 소유이고 이것의 사용을 포함하여 월세를 받는 것이므로 집주인이 수리해주어야 합니다.

Предоставленная мебель и техника обычно являются собственностью арендодателя, и он обязан поддерживать их в исправном состоянии, включая ремонт и замену, поскольку вы платите за аренду.

전구 같은 소모품이나 수리비가 아주 적게 나오는 것은 보통 세입자가 부담합니다. 하지만 보일러나 냉장고, 세탁기, TV 등 가전은 집주인에게 교체나 수리를 요구할 수 있습니다. 만약 이를 거부할 경우 계약 파기를 요청하고 이사비를 청구할 수도 있습니다. 하지만 임대계약서에 명시되어 있지 않으면 소송을 해야 하는데 배보다 배꼽이 더 커질 수 있습니다.

Однако расходные материалы, такие как лампочки, или мелкие ремонты обычно оплачиваются арендатором. В случае поломки крупных предметов, таких как бойлер, холодильник, стиральная машина или телевизор,вы можете потребовать их замену или ремонт у арендодателя. Если арендодатель отказывается, вы можете запросить расторжение договора и требовать компенсацию за расходы на переезд. Однако, если это не указано в договоре аренды, возможно, придется обращаться в суд, что может оказаться более затратным, чем ожидалось.

임대차계약서를 쓸 때 위와 같은 것을 꼼꼼히 쓰고 확인하는 것이 좋습니다.

Поэтому при составлении договора аренды важно

тщательно прописать все условия и детали.

④ **휴대폰을 개통했는데 제 이름으로 다른 사람의 휴대폰도 개통돼서 할부금과 전화 요금이 저한테 청구됐어요. 어떡해야 하나요?**

Я приехал в Корею и мне нужен был мобильный телефон, поэтому я взял его на свое имя, но кто-то еще также зарегестрировал номер на мое имя, поэтому счета за рассрочку и телефонную связь выставляются мне. Что я должен делать?

휴대폰 개통 사기는 다양한 유형이 있습니다. 현금으로 기기 값을 완납했는데 할부로 개통되기도 하고, 휴대폰 대리점에서 다른 사람 명의로 여러 대의 휴대폰이 개통되기도 합니다.

Мошенничество с мобильными телефонами имеет разные формы. Бывают случаи, когда телефон был приобретен за наличные, но оформлен в рассрочку, или когда в магазине мобильной связи на ваше имя регистрируются несколько телефонов на других людей.

피해를 방지하기 위해 개통 전에 반드시 계약서를 자세히 이해하고 동의해야 합니다. 신분증(외국인등록증)과 간단한 동의 절차만으로 휴대폰이 개통되기 때문에 신분증을 대리점에 오래 맡겨서도 안 됩니다. 휴대폰을 먼저 개통한 친구와 같이 가서 계약 과정을 녹음해두는 것도 좋습니다.

Чтобы избежать таких проблем, перед оформлением обязательно внимательно изучите и согласуйте договор.

Поскольку для активации телефона достаточно только удостоверение личности (регистрационной карты иностранца) и простой процедуры согласия, не оставляйте свой документ в агентстве на длительное время. Также полезно взять с собой друга, который уже имеет мобильный номер и может зафиксировать процесс оформления на видео.

사기당했다는 의심이 들면 이동전화 불공정행위 신고센터(080-2040-119)에 개통일로부터 15일 이내에 신고해야 합니다. 위와 같이 명의도용이 되었다면 심각한 범죄이므로 경찰서에 신고해야 합니다.

Если у вас возникли подозрения на мошенничество, необходимо подать заявление в Центр по борьбе с недобросовестными действиями мобильной связи (080-2040-119) в течение 15 дней с момента активации. Если произошло мошенничество с испоользованием вашего имени, это является серьезным преступлением и вам следует сообщить об этом в местный полицейский участок.

⑤ **한국에서 임신했어요. 어떤 도움을 받을 수 있는지 알고 싶어요.**

Я забеременела в Корее. Хочу узнать, какую помощь я могу получить.

임신하면 보건소에서 무료로 다양한 건강관리를 받을 수 있습니다. 병원에서 임신을 확인한 후 외국인등록증을 갖고 가까운 보건소에 가면 도움을 받을 수 있습니다.

Если вы беременны, вы можете бесплатно получить различные медицинские услуги в районных государственных медицинских центрах. После подтверждения беременности в больнице вы можете получить помощь, обратившись в ближайший центр общественного здравоохранения, предъявив регистрационную карту иностранца.

- 무료 산전검사, 임신 초기진단 검사, 소변검사(당뇨, 단백질 검사), 혈액검사(혈색소, 적혈구, 백혈구, 혈청매독, 간염, 혈액형 검사)

  Бесплатные пренатальные тесты: ранняя диагностика беременности, анализ мочи (на диабет, белок), анализ крови (на уровень гемоглобина, эритроциты, лейкоциты, сифилис, гепатит, группа крови)

- 출산준비교실, 모유수유교실, 임산부체조교실, 출산준비교실, 태교교실

  Классы подготовки к родам: обучение по грудному вскармливанию, классы для беременных (упражнения), обучение подготовки к родам, классы по дородовому воспитанию

- 엽산제 및 철분제 지원, 임신성 당뇨 검사 및 빈혈 검사, 산모와 신생아 건강관리사 파견 지원, 미숙아 및 선천성 이상아 의료비 지원, 장애 예방을 위한 영유아 건강관리, 임산부와 영유아에 필요한 영양교육과 보충식품 지원

  Кроме того осуществляется выдача фолиевой кислоты и добавок железа, проводятся тесты на гестационный диабет и на анемию, направляются медицинские работники для помощи в организации ухода за матерью и новорожденным, оказывается поддержка медицинских расходов для недоношенных детей и детей с врожденными аномалиями, медицинская помощь детям для предотвращения инвалидности и поддержка по обучению в области питания. Предоставляются дополнительные продукты питания для беременных и младенцев.

이 외에도 교통비 지원, 출산비 지원 등 지자체마다 임산부 지원이 조금씩 다르니 보건소에 가서 확인해보세요.

Кроме того, в зависимости от местных органов власти могут быть доступны поддержка транспортных расходов, помощь при родах и другие виды помощи. Для получения точной информации обратитесь в ближайший медицинский центр или центр по вопросам здоровья.

⑥ 한국어능력시험(TOPIK)을 보고 싶어요. 어디에서 어떻게 볼 수 있나요?

Я хочу пройти тест на знание корейского языка (TOPIK). Где и как я могу это сделать?

한국어능력시험(TOPIK)은 한국어 능력을 평가하는 시험으로, 외국인들이 한국어를 학습하고 사용하는 데 도움을 주기 위해 국립국제교육원에서 개발하고 운영하는 시험입니다. 그 결과를 국적취득, 취업, 유학 등에 활용할 수 있습니다.

Тест на знание корейского языка (TOPIK) — это экзамен для оценки уровня знания корейского языка, разработанный и проводимый Национальным международным образовательным институтом с целью помочь иностранцам в изучении и использовании корейского языка. Результаты можно использовать для получения гражданства, трудоустройства, учебы и других целей.

TOPIK은 기초 단계와 중급 단계로 나뉘며, 기초 단계는 TOPIK I, 중급 단계는 TOPIK II로 구분됩니다.

Тест TOPIK делится на два уровня: начальный (TOPIK I) и продвинутый (TOPIK II).

단계별로 시험 내용과 평가 목표가 다르며, 홈페이지(www.topik. go.kr)에서 신청할 수 있습니다. 시험은 무료이며, 성적 결과와 보충이 필요한 학습 부분에 대한 해설도 제공됩니다.

Каждый уровень имеет разное содержание и цели оценки. Регистрация на экзамен доступна на сайте www.topik. go.kr. Экзамен платный, также предоставляются результаты и пояснения на что необходимо обратить дополнительное внимание.

응시 장소와 시험 일정 등은 매년 조금씩 달라지므로 홈페이지를 통해 확인해야 합니다.

Место проведения экзаменов и графики могут меняться ежегодно, поэтому необходимо проверять информацию на сайте.

⑦ **경찰서에 가야 하는데 통역이 필요해요. 어떡해야 하나요?**

Мне нужно пойти в полицейский участок и мне нужен переводчик. Что мне делать?

경찰서에 가서 통역을 요청하면 러시아어 전문통역사가 옵니다. 경찰서에서 임명받고 활동하는 전문통역사들이 정확한 통역을 해드리니 안심하고 이용해도 됩니다.

Если вы пойдете в полицейский участок и попросите переводчика, придет профессиональный русскоговорящий переводчик. Профессиональные переводчики, назначенные и работающие в полицейских участках, обеспечивают точный перевод, поэтому вы можете спокойно пользоваться их услугами.

⑧ 정기적으로 제 이름으로 세금고지서 우편이 오는데 무슨 세금들인가요?

Я регулярно получаю по почте налоговые счета на свое имя. Что это за налоги?

외국인 등록을 하면 매년 한 번 주민세와 지방교육세를 내야 합니다. 자동차가 있으면 자동차세도 1년에 두 번 내야 합니다. 지자체에서 우편으로 받는 세금은 납부기한에 맞춰 납부해야 연체료를 물지 않습니다.

При регистрации иностранцев необходимо ежегодно оплачивать местный налог на жителей и налог на местное образование. Если у вас есть автомобиль, вам также придется платить налог на автомобиль два раза в год. Налоги, полученные по почте от местных государственных органов, необходимо оплачивать вовремя, чтобы избежать штрафов за просроченный платеж.

가까운 편의점이나 은행에 직접 가서 납부해도 되고, 고지서에 기재된 계좌번호로 송금해도 됩니다.

Вы можете оплатить налоги лично в ближайшем магазине или банке либо перевести деньги на номер банковского счета, указанный в налоговом уведомлении.

⑨ 아이들이 가족과 같이 살기 위해 입국하는데 학교를 어디에 어떻게 보내야 하는지 모르겠어요.

Дети въезжают в Корею вместе с семьей, я не знаю в какую школу их отправить и как это сделать.

한국의 교육기관은 유치원, 초등학교, 중학교, 고등학교, 대학교가 있습니다. 초등학교와 중학교는 의무교육이므로 자녀를 학교에 보내지 않으면 처벌받을 수 있습니다.

Образовательные учреждения в Корее включают детские сады, начальные школы, средние школы, старшие школы и университеты. Начальное и среднее образование являются обязательными, поэтому за неотправку ребенка в школу могут быть предусмотрены штрафы или наказания.

보육시설은 0세부터 5세까지의 아이들을 돌봐주고 교육시키는 시설입니다. 보통 어린이집이라는 이름을 씁니다. 보육시간은 평일 오전 7시 30분부터 오후 7시 30분까지를 기본으로 합니다. 영유아가 건강하고 안전하며 바르게 생활하는 데 필요한 내용과 신체, 사회, 언어, 인지, 정서 등의 발달을 위한 교육을 진행합니다. 월간 보육료는 보육시간 및 아이의 나이, 보육시설의 종류에 따라 다르고 보통 20만 원에서 40만

원 안팎입니다.

В свою очередь, детские сады — это учреждения, которые занимаются уходом и обучением детей от 0 до 5 лет. Обычно их называют ориниджип. Присмотр за детьми осуществляется в основном с 7:30 до 19:30 в будние дни. В таких учреждениях обучают детей всему необходимому для их здоровья и безопасности, а также развивают их физические, социальные, языковые, когнитиыные и эмоциональные навыки. Ежемесячная плата за детский сад варьируется в зависимости от времени пребывания, возраста ребенка и типа детского учреждения и обычно составляет от 200 000 до 400 000 вон.

유치원은 만 3~5세 유아들이 취학 전에 다니는 교육기관입니다. 교육시간은 보통 오전 9시부터 오후 2시까지입니다. 맞벌이 부모 자녀를 위해 운영하는 종일제 유치원은 오전 7시부터 오후 8시까지 교육하기도 합니다. 주로 유아 특성과 흥미, 요구 등을 고려하여 생활주제 중심으로 통합교육을 통해 발달을 돕는 교육 활동으로 이루어져 있습니다. 교육비는 국공립유치원은 월 3~4만 원, 사립유치원은 20~30만 원 안팎입니다. 보육료와 유치원비는 부모의 소득수준에 따라 정부에서 지원해주고 있으며 입학상담 때 안내받습니다.

Детские сады (ючивон) в Корее предназначены для детей в возрасте от 3 до 5 лет перед началом школьного обучения. Обычно занятия проходят с 9:00 до 14:00. Для работающих родителей существуют детские сады полного дня, которые работают с 7:00 до 20:00. Образование в детских садах сосредоточено на интегрированном обучении, которое помогает развитию ребенка, учитывая его особенности, интересы и потребности, с использованием тематических занятий. Стоимость обучения в государственных и муниципальных детских садах составляет от 30 000 до 40 000 вон в месяц, тогда как в частных детских садах — от 200 000 до 300 000 вон. Правительство предоставляет субсидии на оплату детского сада в зависимости от уровня доходов родителей, и информацию об этом можно получить при консультации по поводу поступления.

초등학교는 6년 과정으로 만 6세부터 입학할 수 있습니다. 초등학교를 졸업하고 중학교 3년, 고등학교 3년을 다녀야 합니다. 고등학교는 일반계, 전문계, 과학 및 특수목적고등학교 등이 있습니다.

Обучение в начальной школе длится 6 лет, дети могут поступить в нее с 6 лет. После окончания начальной школы нужно пройти три года обучения в средней школе и три года в старшей школе. Старшие школы делятся на общепрофильные, специализированные, научные и старшие школы специального назначения.

대학은 4년제 일반대학과 산업대학, 교육대학, 방송통신대학, 전문대학, 폴리텍대학 등이 있으며 시험을 거쳐 입학합니다.

Университеты включают 4-летние общие университеты, промышленные университеты, педагогические университеты, университеты открытого образования, специализированные колледжи и политехнические университеты, прием в которые осуществляется посредством экзаменов.

정규 학교는 아니지만, 방과 후 활동과 돌봄이 필요한 아동에게 가정과 같은 환경을 무료나 저렴한 실비로 제공하는 사회복지기관으로 지역아동센터와 돌봄센터(가치키움터)도 운영되고 있습니다. 주 5일 8시간 이상 이용 가능하며 지역 여건과 센터의 상황에 따라 다르게 운영합니다. 중도입국 청소년의 예비적응 교육을 위해 지자체에서 운영하는 복지시설들도 있습니다. 가까운 고려인센터나 복지센터에 가서 상의하시면 됩니다.

Также существуют организации социального обеспечения, такие как районные детские центры и центры ухода за детьми, которые бесплатно или за небольшую плату обеспечивают внеклассные занятия для детей начальной школы и создают домашнюю обстановку для детей, нуждающихся в уходе. Эти центры работают в течение 5 дней в неделю и предоставляют услуги более 8 часов в день, при этом расписание и условия могут различаться в зависимости от местных условий и ситуации в конкретном центре. В некоторых регионах существуют специальные социальные учреждения для предварительной адаптации детей и подростков, прибывших в страну недавно. Эти учреждения могут быть доступны в зависимости от конкретного муниципалитета. Вы можете пойти в ближайший центр для корё сарам или Центр социального обеспечения для получения консультации.

# 주요기관 연락처

Контактная информация важных организаций

- 전국 고려인지원센터 전화번호
  Номера телефонов центров поддержки корё сарам

- 외국인을 위한 무료 진료병원
  Бесплатные медицинские клиники для иностранцев

# 전국 고려인지원센터 전화번호

Номера телефонов центров поддержки корё сарам

- 안산 고려인지원센터 '너머' / 031-493-7053
  Центр поддержки корё сарам в Ансане «Номо»

- 안산 고려인지원센터 '미르' / 070-8285-7050
  Центр поддержки корё сарам в Ансане «Мир»

- 광주 고려인종합지원센터 / 062-961-1925
  Центр поддержки корё сарам в Кванджу

- 인천 고려인지원센터 / 032-816-9002
  Центр поддержки корё сарам в Инчхоне

- 경북 고려인통합지원센터 / 054-742-4336
  Центр комплексной поддержки корё сарам в Кёнбуке

- 영천 고려인통합지원센터 / 054-338-4336
  Центр комплексной поддержки корё сарам в городе Ёнчхон

- 제천 재외동포지원센터 / 043-649-3367
  Центр поддержки зарубежных корейцев в Чечхоне

# 외국인을 위한 무료 진료병원

Бесплатные медицинские клиники для иностранцев

* 미등록 외국인이나 경제 형편이 어려운 외국인 대상 무료 진료 제공

Бесплатное медицинское лечение предоставляется незарегистрированным иностранцам или иностранцам, испытывающим финансовые трудности

- 경기도의료원 수원병원 / 수원 / 031-888-0114
  Медицинский центр провинции Кёнгидо Больница Сувона Город Сувон

- 빈센트 의원 / 안산 / 031-407-9780
  Клиника Винсент Ансан

- 서울 의료원 / 서울 / 02-2002-8000
  Медицинский Центр Сеула Сеул

- 서울 적십자병원 / 서울 / 02-2002-8000
  Больница Красного Креста Сеула Сеул

- 인천광역시의료원 / 인천 / 032-580-6000
  Городской медицинский центр Инчхона Инчхон

- 인천 적십자병원 / 인천 / 032-280-2114
  Больница Красного Креста Инчхона Инчхон

- 희망한방병원 / 안산 / 031-415-1711
  Больница восточной медицины «Химан» Ансан

# III

# 고려인을
# 위한
# 한국어

Корейский язык
для корё сарам

III부는 아직 한국어를 읽을 수 없는 고려인의 한국살이를 돕기 위한 부분이다. 7년 전에 금철사랑에서 펴낸 『고려인을 위한 한국어』(Русско-корейский разговорник для этнических корейцев)의 실질적인 재판이다. 한국에 사는 고려인을 돕고자 기획된 ADF 총서 3권 『함께 하는 고려인 이야기』에 다시 싣게 되었다.

광주 고려인마을 연구를 위해 고려인과 함께 살면서 고려인이 사용하기에 편리한 한국어 일상회화 책이 절실히 필요한 것을 알았다. 책을 만들면서 강로자(Кан Роза)를 만난 것도 행운이었다. 그녀는 타슈켄트사범대 한국어과 출신으로 광주 고려인마을 어린이집 교사로 일하고 있었다. 로자의 도움이 없었다면 고려인에게 필요한 내용도, 발음도 정확하게 적을 수 없었을 것이다. 로자를 비롯한 고려인의 한국살이에 도움이 되기를 바라는 마음이다.

Цель этой книги — помочь в проживании в Корее корё сарам, которые еще не умеют читать по-корейски. Это переиздание книги «Корейский язык для корё сарам» (Русско-корейский разговорник для этнических корейцев), опубликованной «Кымчхоль Саран» семь лет назад. Она была переиздана в третьей части третьего тома серии книг ADF «Истории корё сарам живущих среди нас», призванной помочь корё сарам, живущим в Корее.

Живя с корё сарам и изучая деревню корё сарам в Кванджу, я поняла, что существует острая потребность в разговорнике корейского языка, которым было бы удобно пользоваться корё сарам. Мне также посчастливилось познакомиться с Кан Розой во время работы над книгой. Она окончила факультет корейского языка Ташкентского педагогического университета и работала воспитателем в детском саду в деревне корё сарам Кванджу. Без помощи Розы я бы не смогла точно записать содержание и произношение, необходимые корё сарам. Надеюсь, что эта книга поможет Розе и другим корё сарам для жизни в Корее.

# 1 Приветствие

인사하기

## Имя 이름

---

**A: Как вас зовут?**

이름이 어떻게 되세요?  И-рым-и о-тто-ке тве-се-ё?

**B: Меня зовут Роза.**

제 이름은 로자입니다.  Че и-рым-ын Роза-им-ни-да.

**A: Как ваша фамилия?**

성은 어떻게 되나요?  Сон-ын о-тто-ке тве-на-ё?

**B: Моя фамилия Кан.**

저의 성은 강입니다.  Чо-э сон-ын Кан-им-ни-да.

**A: Как Ваше отчество?**

부칭은 어떻게 되나요?  Пу-чин-ын о-тто-ке тв-на-ё?

**B: Моё отчество Герасимовна.**

부칭은 게라시모브나입니다.  Пу-чин-ын Герасимовна-им-ни-да.

---

- как : 어떻게 о-тто-ке
- зовут, звать : 이름이 ~이다 и-рым-и ~и-да
- какая, какой : 어떤 о-ттон
- ваша, ваш : 당신의 тан-щин-э
- фамилия : 성 сон
- отчество : 부칭 пу-чин
- моё, мой : 나의, 저의, 제 на-э, чо-э, че

# Возраст 나이

**A :** Сколько вам лет?

몇 살이세요?  Мё-сар-и-се-ё?

**B :** Мне 39 лет.

저는 39세입니다.  Чо-нын сам-щиб ку сэ им-ни-да.

**A :** Когда вы родились?

언제 태어나셨나요?  Он-де тэ-о-на-щён-на-ё?

**B :** Я родилась в 1977 (тысяча девятьсот семьдесят седьмом) году.

저는 1977년에 태어났습니다.

Чо-нын чон ку-бэг чиль-щиб чиль нён-э тэ-о-на-сым-ни-да.

---

- сколько: 얼마 оль-ма
- лет, год: 년, 해 нён, хэ
- когда: 언제 он-де
- родились, родиться : 태어나다 тэ-о-на-да
- я: 나, 저 на, чо

- тысяча: 천, 1000 чон
- девятьсот: 구백, 900 ку-бэг
- семьдесят: 칠십, 70 чиль-щиб
- седьмом, седьмой: 7의, 일곱 번째의 чил-ы
- году, год: 년, 해 нён, хэ

# Гражданство 국적

A: Какое у вас гражданство?

국적이 어떻게 되세요? Куг-тёг-и о-тто-ке тве-се-ё?

B: У меня узбекское гражданство.

우즈벡 국적입니다. Уди-бек кук-тёк-им-ни-да.

A: А кто вы по национальности?

어떤 민족이세요? О-ттон мин-дёг-и-се-ё?

B: Я этническая кореянка.

저는 고려인입니다. Чо-нын ко-рё-ин-им-ни-да.

A: А ваш муж?

남편은요? Нам-пён-ын-ё?

B: Мой муж по национальности узбек.

제 남편은 우즈벡 사람입니다.

Че нам-пён-ын уз-бек-са-рам-им-ни-да.

---

- какое, кокой: 어떤 о-ттон
- у вас: 당신에게는 тан-щин-э-гэ-нын
- гражданство: 국적 куг-тёг
- кореянка: 한국 사람, 한국 여자 хан-гуг са-рам, хан-гук ё-дя
- ваш: 당신의 тан-щин-ы
- муж: 남편 нам-пён
- мой: 나의, 저의, 제 на-э, чо-э, че
- узбек: 우즈벡 사람 уз-бек са-рам

## Адрес 주소

**A:** Где вы живёте?

어디에 사시나요? О-ди-э са-щи-на-ё?

**B:** Я живу в городе Кванджу у сестры.

저는 광주시에 있는 언니 집에 삽니다.

Чо-нын Кван-джу-щи-э ин-нын он-ни чиб-э сам-ни-да.

**A:** Какой у вас адрес?

주소가 어떻게 되세요? Чу-со-га о-тто-кэ тве-се-ё?

**B:** Мой адрес: Кванджу-щи, Квансан-гу, Вольгок-дон, 519-4 (пятьсот девятнадцать черточка четыре).

제 주소는 광주시 광산구 월곡동 519–4번지입니다.

Че чу-со-нын Кван-джу-щи Кван-сан-гу Воль-гок-дон о-бег-щиб-г-да-щи-са-бон-ди им-ни-да.

---

- какой : 어떤 о-ттон
- адрес : 주소 чу-со
- мой : 나의 на-э
- 1000 (тысяча) : 천 чон
- где : 어디, 어디에 о-ди, о-ди-э

- вы : 당신, 당신이, 당신은 тан-щин
- живёте, жить : 살다 саль-да
- городе, город : 도시 то-щи
- сестры, сестра : 언니, 누나 он-ни, ну-на

# Семья 가족

**А:** Вы замужем?

결혼하셨나요? Кёр-хон-ха-щён-на-ё?

**В:** Да, я замужем.

예, 저는 결혼했습니다. Е, чо-нын кёр-хон-хе-сым-ни-да.

**А:** Какая у вас семья?

가족이 어떻게 되세요? Ка-дёг-и о-тто-кэ тве-се-ё?

**В:** У меня маленькая семья: муж, дочка и я.

제 가족은 소가족입니다. 남편과 딸, 그리고 저입니다.
Че ка-дёг-ын со-га-дёг-им-ни-да. Нам-пён-гва таль, кы-ри-го чо-им-ни-да.

**А:** Кем работает ваш муж?

남편의 직업은 무엇인가요?
Нам-пён-э чиг-об-ын му-о-щин-га-ё?

**В:** Мой муж – инженер.

제 남편은 엔지니어입니다.
Че нам-пён-ын эн-джи-ни-о-им-ни-да.

---

- какая, какой : 어떤 о-ттон
- семья : 가족 ка-дёг
- у меня : 나에게는 на-е-гэ-нын
- маленькая, маленький : 작은 чаг-ын
- муж : 남편 нам-пён
- дочка : 딸 таль
- и : 그리고 кы-ри-го
- я : 나 на

- вы : 당신, 당신은 тан-щин, тан-щин-ын
- замужем : 결혼하다 кёр-хон-ха-да
- да : 예 е
- кем, кто : 누구 ну-гу
- работает, работать : 일하다 ил-ха-да
- ваш : 당신의 тан-щин-э
- мой : 나의 на-э
- инженер : 엔지니어 эн-джи-ни-о

# 2        Транспорт
교통수단

## Из аэропорта Инчон 인천공항에서 오는 길

A: **Как проехать в город Кванджу провинции Чолланам-до?**

전라남도 광주시에 어떻게 가야 하나요?

Чол-ла-нам-до Кван-джу-щи-э о-тто-кэ ка-я ха-на-ё?

B: **Купите билет в кассе на 9-ой платформе. Потом садитесь на автобус в Кванджу.**

9번 창구에서 광주 가는 리무진 버스를 타세요.

Кван-джу ка-нын ли-му-дин бо-сы-рыль та-сэ-ё.

A: **Сколько стоит билет?**

표는 얼마인가요?  Пё-нын оль-ма-ин-га-ё?

B: **Билет стоит 30,000 (тридцать тысяч) вон.**

3만 원입니다.  Сам-ман-вон-им-ни-да.

A: **Сколько времени до города Кванджу?**

광주까지는 시간이 얼마나 걸리나요?

Кван-джу-ка-ди-нын щи-ган-и оль-ма-на кол-ли-на-ё?

B: **3 (Три) часа.**

3시간이요.  Сэ-щи-ган-и-ё.

- как : 어떻게 о-тто-ке
- проехать : 가다 ка-да
- город : 시, 도시 щи, то-щи
- провинции, провинция : 도, 지방 то, чи-бан
- садитесь, садиться : 타다 та-да
- автобус : 버스 бо-сы
- сколько : 얼마 оль-ма
- билет : 표 пё
- стоит, стоять : 가격이 ~이다 ка-гёг-и ~и-да
- 30,000 (тридцать тысяч) : 3만 сам-ман
- вон : 원 вон
- времени, время : 시간 щи-ган
- 3 (три) : 3 сам
- часа, час : 시 щи

# С вокзала Кванджу 광주역에서 오는 길

A: **Как проехать до Корейского центра?**

고려인센터에 어떻게 가야 하나요?

Ко·рё·ин·сен·тхо·э о·тто·кэ ка·я ха·на·ё?

B: **Извините, я не знаю.**

미안하지만 모르겠는데요.

Ми·ан·ха·ди·ман мо·ры·ген·нын·дэ·ё.

A: **В каком районе находится Корейский центр?**

고려인센터가 어느 지역에 있나요?

Ко·рё·ин·сен·тхо·га о·ны чи·ёг·э ин·на·ё?

B: **Он находится в Вольгок-доне Квансан-гу. Тогда вам надо брать такси или садиться в автобус номер 4 (четыре).**

광산구 월곡동에 있어요. 그러면 택시를 타거나 4번 버스를 타야 합니다.

Кван·сан·гу Воль·гок·дон·э и·ссо·ё. Кы·ро·мён тхек·щи·рыл та·го·на са·бон бо·сы·рыль та·я хам·ни·да.

A: **Спасибо. А сколько времени до Корейского центра на автобусе?**

고맙습니다. 그러면 고려인센터까지 버스로 얼마나 걸리나요?

Ко·маб·сым·ни·да. Кы·ро·мён Ко·рё·ин·сен·тхо·кка·ди бо·сы·ро оль·ма·на кол·ли·на·ё?

B: **Около 30 (тридцать) минут.**

30분 정도요. Сам·щиб·бун чон·до·ё.

- как: 어떻게 о-тто-ке
- проехать: 가다 ка-да
- корейский: 한국의 хан-гук-э
- центр: 센터 сен-то
- извините, извинять: 미안하다 ми-ан-ха-да
- знаю, знать: 알다 аль-да
- каком, какой: 어떤 о-ттон
- районе, район: 지역 чи-ёг
- тогда: 그러면 кы-ро-мён
- надо: 해야 한다 хэ-я-хан-да
- брать: 잡다, 타다 чаб-да
- такси: 택시 тхек-щи
- или: 혹은 хог-ын
- садиться: 타다, 앉다 та-да, ан-да
- автобус: 버스 бо-сы
- номер: 번, 번호 бон, бон-хо
- 4 (четыре): 4 са
- спасибо: 고맙습니다 ко-маб-сым-ни-да
- сколько: 얼마 оль-ма
- времени, время: 시간 щи-ган
- около: 약 яг
- 30 (тридцать): 30 сам-щиб
- минут, минута: 분 бун

# В центр города Кванджу 광주 시내 가는 길

A: **Где я могу купить не дорогие вещи?**

비싸지 않은 물건들을 어디에서 살 수 있나요?

Пи-са-ди ан-ын муль-гон-дыр-ыль о-ды-э-со саль су ин-на-ё?

B: **В магазине Миллиоре. Там большой выбор всего.**

밀리오레 상점에서요. 그곳에서 뭐든지 살 수 있어요.

Мил-ли-о-ре сан-дём-э-со-ё. Кы-го-се-со мо-дын-ди саль су и-ссо-ё.

A: **Где я могу вкусно поесть?**

어디에서 맛있는 것을 먹을 수 있나요?

О-ди-э-со ма-щи-нын ко-сыль мо-гыль-су ин-на-ё?

B: **В центре города есть много кафе. Там вы можете отведать национальную и обычную кухню.**

시내에 카페가 많이 있어요. 그곳에서 한국음식과 일반음식을 먹을 수 있어요.

Си-не-э кха-пхе-га ма-ни и-ссо-ё. Кы-госе-со хан-гуг-ым-щиг-гва иль-бан-ым-щиг-ыль мо-гыль-су и-ссо-ё.

A: **Где я могу поймать такси?**

어디에서 택시를 탈 수 있나요?

О-ды-э-со тхек-щи-рыль тхаль су ин-на-ё?

B: **Такси есть возле корейской церкви.**

택시는 고려인교회 옆에 있어요.

Тхек-щи-нын ко-рё-ин-кё-хе ёп-хе и-ссо-ё.

A: **Отвезите, пожалуйста, до центра города.**

시내까지 가주세요. Щи-нэ-ка-ди ка-чу-се-ё.

- купить : 사다 са-да
- не дорогие : 비싸지 않은 пи-са-ди ан-ын
- вещи : 물건들 муль-гон-дыл
- в магазине : 상점에서 сан-дём-э-со
- вкусно : 맛있는 ма-щи-нын
- поесть : 먹다 мог-та
- в центре города : 시내에 щи-не-э
- национальную кухню : 한국음식을 хан-гуг-ым-щиг-ыль
- обычную кухню : 일반음식을 иль-бан-щиг-ыль
- возле : 옆에 ёп-хе
- корейская церквь : 고려인교회 ко-рё-ин-кё-хе
- центр города : 시내 щи-нэ

## B Сеул 서울 가는 길

**A:** Какая цена одного билета до Сеула?

서울 가는 표 얼마예요? Со-у-ль ка-нын пхё оль-ма-е-ё?

**B:** Цена одного билета до Сеула 20 (двадцать) тысяч. На какое время хотите взять билет?

서울 가는 표는 2만 원이에요. 몇 시 표를 원하세요?

Со-у-ль ка-нын пхё-нын и-ман-вон-и-э-ё. Мётщи пхё-рыль вон-ха-се-ё?

**A:** На сегодня в 2 (два) часа дня.

오늘 오후 2시 것이요. О-ныль о-ху ту-щи ко-щи-ё.

**B:** Вот билет. Ваша платформа номер 5 (пять).

표 여기 있습니다. 5번 플랫폼에서 타세요.

Пхё ё-ги исс-ым-ни-да. О-бон пхы-лет-пхом-э-со тха-се-ё.

**A:** Спасибо.

고맙습니다. Ко-мап-сым-ни-да.

---

- Сеул: 서울 Со-у-ль
- сколько: 얼마 оль-ма
- сегодня: 오늘 о-ныль

- спасибо: 고맙습니다 ко-мап-сым-ни-да

# 3    Повседневная жизнь

일상생활

## Русские магазины 러시아 상점

**А :** Скажите, пожалуйста, где находится русский магазин?

러시아 상점이 어디에 있나요?

Ро-щи-а сан-дём-и о-ды-е ин-на-ё?

**В :** Идите прямо, потом заверните направо. Там вы увидите русский магазин.

곧바로 가다가 오른쪽으로 도세요. 거기에서 러시아 상점을 보게 될 것입니다.

Код-па-ро ка-да-га о-рын-тё-гы-ро то-се-ё. Ко-ги-э-со ро-щи-а сан-дём-ыль по-ге твель ко-щим-ни-да.

**А :** Спасибо. Как называется этот магазин?

고맙습니다. 이 상점 이름이 어떻게 되나요?

Ко-паб-сым-ни-да. И сан-дём и-рым-и о-тто-ке тве-на-ё?

**В :** Этот магизин называется Корёинмаыльмат.

이 상점의 이름은 고려인마을마트입니다.

И сан-дём-э и-рым-ын ко-рё-ин-ма-ыль-ма-тхы-им-ни-да.

**А :** Могу ли я там купить русские шоколадки?

그곳에서 러시아 초콜릿을 살 수 있나요?

Кы-го-се-со ро-щи-а чо-кхо-ли-сыль саль су ин-на-ё?

В : Конечно! Там всё можно приобрести.

물론입니다! 그곳에서는 모든 것을 살 수 있습니다.

Му-ллон-им-ни-да! Кы-го-се-со-нын мо-дын го-сыль саль
су исс-ым-ни-да.

---

- русский магазин : 러시아 상점 ро-
  щи-а сан-дём
- направо : 오른쪽으로 о-рын-тё-гы-
  ро

- там : 그곳에서 кы-го-се-со
- конечно : 물론입니다 му-ллон-им-
  ни-да

# Русские кафе 러시아 카페

**A:** Где можно попробовать русскую кухню?

러시아 음식을 어디에서 맛볼 수 있나요?

Ро-щи-а ым-щи-гыль о-ды-е-со мад-поль су ин-на-ё?

**B:** На вольгогдоне много русской кухни.

월곡동에 러시아 음식이 많아요.

Воль-гок-дон-э ро-щи-а ым-щи-ги ма-на-ё.

**A:** На этой улице есть русское кафе?

이 거리에 러시아 카페가 있나요?

И ко-ри-е ро-щи-а кха-пхе-га ин-на-ё?

**B:** Конечно, есть. В этой деревне Корёинмаыл уже много кафе.

물론 있습니다. 이곳 고려인마을에는 카페가 벌써 많이 생겼습니다.

Мул-лон и-ссым-ни-да. И-год ко-рё-ин-ма-ыр-е-нын кха-пхе-га поль-ссо ма-ни сен-гё-ссым-ни-да.

**A:** О, как хорошо! Я хочу отведать русскую кухню.

오, 참 좋군요! 저는 러시아 카페에서 음식을 먹고 싶습니다.

О, чам чо-кун-ё! Чо-нын ро-щи-а кха-пхе-э-со ым-щиг-ыль мок-ко щип-сым-ни-да.

**B:** Зайдите в русское кафе Семья. Говорят, что там очень вкусно.

러시아 가족 카페에 들러보세요. 그곳이 정말 맛있다고 하더군요.

Ро-щи-а ка-дёк кха-пхе-е тыл-ло-по-се-ё. Кы-гос-и чон-маль мас-и-та-го ха-до-гун-ё.

- где : 어디에서 о-ды-е-со
- попробовать : 맛보다 мад-по-да
- есть : 있습니다 и-ссым-ни-да
- хорошо : 좋군요 чо-кун-ё

# Корейские супермаркеты 한국 슈퍼마켓

A: Скажите, пожалуйста, где можно купить туалетную бумагу?

화장지를 어디에서 살 수 있나요?

Хва-дян-ди-рыль о-ды-е-со саль су ин-на-ё?

B: Вы можете купить туалетную бумагу в любом магазине. В большом корейском супермаркете вещи продаются подешевле.

화장지는 상점에서 살 수 있어요. 한국의 대형 마트에서 물건들을 좀 더 싸게 팝니다.

Хва-дян-ди-нын сан-дём-э-со саль су и-ссо-ё. Те-хён хан-гуг щу-пхо-ма-кхет-е-со муль-гон-ды-рыль чом до сса-ге пхам-ни-да.

A: Спасибо. Где находится этот корейский супермаркет?

고맙습니다. 이 슈퍼마켓은 어디에 있나요?

Ко-мап-сым-ни-да. И щу-пхо-ма-кхе-сын о-ды-е ин-на-ё?

B: Этот супермаркет находится в конце этой дороги.

이 슈퍼마켓은 이 길 끝에 있습니다.

И щу-пхо-ма-кхес-ын и киль кы-те исс-ым-ни-да.

A: Там можно купить вещи для кухни?

그곳에서 부엌 살림을 살 수 있나요?

Кы-гос-е-со пу-окх-ён-пхум-ыль саль су ин-на-ё?

B: Конечно! Там есть всё.

물론입니다! 그곳에는 모든 것이 다 있습니다.

Мул-лон-им-ни-да! Кы-гос-е-нын мо-дын гос-и та исс-ым-ни-да.

- туалетная бумага : 화장지 хва-дян-ди
- подешевле : 좀 더 싸게 чом до сса-ге
- находится : 있습니다 исс-ым-ни-да
- вещи для кухни : 부엌 살림 пу-окх сал-лим

# Корейские кафе 한국 식당

**A:** Сегодня я хочу отведать корейскую кухню.

오늘 한국 음식을 맛보고 싶네요.

О-ныль хан-гуг ым-щиг-ыль мад-по-го щип-не-ё.

**B:** Вы можете пойти в любое местное кафе.

한국 식당에 가면 됩니다.

Хан-гуг щик-тан-э ка-мён твем-ни-да.

**A:** В какое кафе нужно зайти?

어떤 식당에 가야 할까요?

О-ттон щик-тан-э ка-я халь-кка-ё?

**B:** В любом кафе вы можете покушать корейскую еду. Здесь находятся много хороших кафе. Какую корейскую еду вы любите?

어떤 식당에서도 한국 음식을 먹을 수 있습니다. 여기에는 좋은 식당이 많이 있어요. 어떤 한국 음식을 좋아하세요?

О-ттон щик-тан-э-со-до хан-гуг ым-щиг-ыль мог-ыль су ис-сым-ни-да. Ё-ги-э-нын чо-ын щик-тан-и ман-и и-ссо-ё. О-ттон хан-гуг ым-щиг-ыль чо-а-ха-се-ё?

**A:** Я хочу отведать корейскую традиционную еду.

저는 한국 전통 음식을 먹고 싶습니다.

Чо-нын хан-гуг чон-тхон ым-щиг-ыль мок-ко щип-сым-ни-да.

**B:** Зайдите в известное корейское кафе Ким Паб Нара. Там всегда много народу. Это значит, что там очень вкусно.

유명한 한국 식당인 김밥나라에 들러보세요. 그곳에는 항상 사람이 많아요. 이것은 그곳이 정말 맛있다는 뜻이지요.

И-мён-хан хан-гуг щик-тан-ин Ка-дёг-е тыл-ло-по-се-ё. Кы-гос-е-нын хан-сан са-рам-и ман-а-ё. И-гос-ын кы-го-щи чон-маль мас-и-та-нын тыс-и-ди-ё.

- сегодня : 오늘 о-ныль
- какое : 어떤 о-ттон
- корейскую еду : 한국 음식을 хан-гуг ым-щиг-ыль
- здесь : 여기에는 ёги-э-нын

- вы любите? : 좋아하세요? чо-а-ха-се-ё?
- зайдите : 들러보세요 тыл-ло-по-се-ё
- всегда : 항상 хан-сан

# 4        Для удобства

편리한 삶

## Сотовая связь 휴대전화

A: По какому поводу вы пришли?

무엇을 하러 오셨습니까?

Му-ос-ыль ха-ро о-щёс-сым-ни-ка?

B: Я хочу взять в кредит телефон.

선불폰을 사고 싶어서요.

Сон-буль-пхон-ыль са-го щипх-о-со-ё.

A: Какую модель?

어떤 모델로요?   О-ттон мо-дел-ло-ё?

B: Самую последнюю модель Самсунг.

삼성 최신형으로요.   Чве-щин-хён Сам-сон-ы-ро-ё.

A: Дайте, пожалуйста, вашу айди карту или паспорт.

등록증이나 여권을 주세요.

Тын-рог-чын-и-на ё-квон-ыль чу-се-ё.

B: Когда я смогу забрать телефон?

전화를 언제 가져갈 수 있나요?

Чон-хва-рыль он-де ка-дё-каль су ин-на-ё?

A: Приходите завтра вечером или я вам позвоню.

내일 저녁에 오시거나 제가 전화 드리겠습니다.

Нэ-иль чо-нёг-е о-щи-го-на че-га чон-хва-ты-ри-гесс-ым-ни-да.

B: Хорошо, спасибо. До свидания.

알겠습니다, 고맙습니다. 안녕히 계세요.

Аль-гесс-ым-ни-да, ко-мап-сым-ни-да. Ан-нён-хи ке-се-ё.

A: Всего хорошего.

안녕히 가세요. Ан-нён-хи ка-се-ё.

---

- по какому поводу : 무엇을 하러 му-ос-ыль ха-ро
- в кредит телефон : 선불폰 сон-буль-пхон
- дайте : 주세요 чу-се-ё
- айди карта : 등록증 тын-рог-чын
- паспорт : 여권 ё-квон
- когда : 언제 он-де
- завтра : 내일 нэ-иль
- вечером : 저녁에 чо-нёг-е

# Банки 은행

---

A: **По какому поводу вы пришли?**

무엇을 하러 오셨습니까?

Му-ос-ыль ха-ро о-щёсс-сым-ни-ка?

B: **Я хотела бы открыть банковскую книжку и карточку.**

통장과 카드를 만들고 싶어서요.

Тхон-дян-гва кха-ды-рыль ман-дыль-го щи-пхо-со-ё.

A: **Нам нужна ваша айди карта и паспорт.**

등록증과 여권이 필요합니다.

Тын-рог-чин-гва ё-квон-и пхир-ё-хам-ни-да.

B: **Вот тут, возьмите, пожалуйста.**

여기 있습니다. 받으세요. Ё-ги исс-ым-ни-да. Пад-ы-се-ё.

A: **Заполните, пожалуйста, эти документы.**

이 서류를 작성 좀 해주세요.

И со-рю-рыль чаг-сон чом хе-чу-се-ё.

B: **Я всё закончила.**

다 했어요. Та хесс-о-ё.

---

- банковская книжка : 통장 тхон-дян
- карточка : 카드 кха-ды
- айди карта : 등록증 тын-рог-чин
- паспорт : 여권 ё-квон
- документ : 서류 со-рю

# Больницы 병원

**A:** По какому поводу вы пришли?

무엇을 하러 오셨습니까?

Му-ос-ыль ха-ро о-щесс-сым-ни-ка?

**В:** У меня болит горло и есть температура.

목구멍이 아프고 열이 나요.

Мог-ку-мон-и а-пхы-го ёр-и на-ё.

**A:** Когда у вас начало болеть горло?

목구멍이 언제 아프기 시작했나요?

Мог-ку-мон-и он-де а-пхы-ги щи-дяг-хенн-а-ё?

**В:** Вчера вечером и ещё был кашель.

어제 저녁에요. 기침도 났어요.

О-де чо-нёг-е-ныё. Ки-чим-до насс-о-ё.

**A:** Я пропишу вам лекарство.

처방전을 써 드리겠습니다.

Чо-пан-дён-ыль со ты-ри-гесс-ым-ни-да.

**В:** Хорошо, но я ещё хочу получить укол.

알겠습니다. 그런데 저는 주사도 맞고 싶습니다.

Аль-гесс-ым-ни-да. Кы-рон-дэ чо-нын чу-са-до ма-ко щип-сым-ни-да.

**A:** Тогда пройдите в ту комнату. Затем вам нужно оплатить и пойти в аптеку.

그러면 저 방으로 가세요. 그 후에 계산을 하고 약국에 가시면 됩니다.

Кы-ро-мён чо пан-ы-ро ка-се-ё. Кы ху-э ке-сан-ыль ха-го як-гуг-э ка-щи-мён твём-ни-да.

B： Хорошо, спасибо.

알겠습니다, 고맙습니다.

Аль-гесс-сым-ни-да, ко-мап-сым-ни-да.

A： До свидания.

안녕히 가세요. Ан-нён-хи ка-се-ё.

- болит : 아파요 а-пха-ё
- горло : 목구멍 мог-ку-мон
- температура : 열 ёль
- когда : 언제 он-де
- вчера : 어제 о-де
- кашель : 기침 ки-чим
- укол : 주사 чу-са
- комната : 방 пан

# Русская церковь 러시아 교회

**A:** Скажите, пожалуйста, как мне дойти до церкви для русскоговорящих?

러시아 교회까지 어떻게 가야 하나요?

Ро-щи-а кё-хе-ка-ди о-тто-ке ка-я ха-на-ё?

**B:** Церковь находится напротив Министопа, которое находится возле магазина манду.

교회는 만두 가게 옆에 있는 미니스톱 건너편에 있습니다.

Кё-хе-нын ман-ду ка-ге ёп-е и-нын Ми-ни-сы-топ кон-но-пхен-э исс-сым-ни-да.

**A:** Во сколько начинается богослужение?

예배는 몇 시에 시작되나요?

Е-бе-нын мёд щи-е щи-дяг-тве-на-ё?

**B:** Богослужение начинается в 16 (шестнадцать) часов.

예배는 오후 4시에 시작됩니다.

Е-бе-нын о-ху нэ-щи-е щи-дяг-твем-ни-да.

**A:** Спасибо большое.

정말 고맙습니다.  Чон-маль комап-сым-ни-да.

---

- как: 어떻게 о-тто-ке
- церквь: 교회 кё-хе
- напротив: 건너편에 кон-но-пхен-э
- во сколько: 몇 시에 мёд щи-е
- богослужение: 예배 е-бе

# 5 На заводе

공장에서

## Режим работы 근로 규정

A: **Во сколько мне выходить на работу?**

몇 시에 일터로 가야 합니까?

Мёд щи·е иль·тхо·ро ка·я хам·ни·ка?

B: **Утром в 8 (восемь) часов вам нужно быть возле хайматы.**

아침 8시에 하이마트 근처에 있어야 합니다.

А·чим ё·доль·щи·е ха·и·ма·тхы кын·чо·е исс·о·я хам·ни·да.

A: **А до сколькѝ работа?**

그런데 일은 몇 시까지 하나요?

Кы·рон·дэ ир·ын мёд щи·ка·ди ха·на·ё?

B: **Работа до 17:30 (семнадцать тридцать) и ещё 2 (два) часа сверхурочные.**

일은 오후 5시 반까지 하고 2시간 동안 잔업이 있습니다.

Ир·ын о·ху та·сот·щи пан·ка·ди ха·го ту·щи·ган тон·ан чан·об·и исс·сым·ни·да.

A: **Какого числа зарплата?**

월급날은 언제인가요?  Воль·гыб·нар·ын он·де·ин·га·ё?

B: **Зарплата 10-го (десятого) числа.**

월급날은 10일입니다.  Воль·гыю·нар·ын щиб·ир·ибни·да.

A : Вы можете давать аванс?

가불도 가능한가요?　Ка-буль-до ка-нын-хан-га-ё?

B : Да, в любое время, когда вам нужно, скажите мне.

예, 언제든 필요하면 제게 말씀하세요.

Е, он-де-дын пхир-ё-ха-мён чеге маль-ссым-ха-се-ё.

A : Хорошо, спасибо.

알겠습니다, 고맙습니다.

Аль-гесс-сым-ни-да, ко-мап-сым-ни-да.

---

- во сколько : 몇 시에 мёд щи-е
- на работу : 일터로 иль-тхо-ро
- утром в 8 часов : 아침 8시에 а-чим ё-доль-щи-е
- возле : 근처에 кын-чо-е
- до скольки : 몇 시까지 мёд щи-ка-ди
- сверхурочные : 잔업 чан-об
- какого числа : 언제인가요 он-де-ин-га-ё
- зарплата : 월급날은 воль-гыб-наль

# Сверхурочная работа 잔업

A: Скажите, пожалуйста, есть ли у вас на заводе сверхурочные?

사장님 공장에서 잔업이 있나요?

Са-дян-ним кон-дян-э-со чан-об-и ин-на-ё?

B: Да, есть.

예, 있습니다.  Е, исс-сым-ни-да.

A: Скажите, пожалуйста, сколько часов сверхурочной работы есть у вас на заводе?

잔업이 몇 시간인가요?  Чан-об-и мёд щи-ган-ин-га-ё?

B: У нас на заводе каждый день по два три часа сверхурочной работы.

매일 2시간에서 3시간씩 잔업이 있습니다.

Ме-иль ту-щи-ган-э-со сэ-щи-ган-ссиг чан-об-и исс-сыб-ни-да.

A: А в выходные дни тоже работаете?

휴일에도 일하나요?  Хю-ир-е-до иль-ха-на-ё?

B: Обычно в выходные дни тоже работаем.

보통 휴일에도 일합니다. По-тхон хю-ир-е-до иль-хам-ни-да.

A: Тогда по субботам тоже рабочие дни?

그러면 토요일도 일하겠네요?

Кы-ро-мён тхо-ё-иль-до иль-ха-кенн-нэ-ё?

B: Да, по субботам работаем почти всегда. По субботам до 17:00 (семнадцати).

예, 토요일에 거의 대부분 일합니다. 토요일에는 오후 5시까지 일합니다.

Е, тхо-ё-ир-е ко-и те-бу-бун иль-хам-ни-да. Тхо-ё-ир-е-нын о-ху та-сот-щи-ка-ди иль-хам-ни-да.

A: А по воскресеньям?

그러면 일요일은요? Кы-ро-мён ир-ё-ир-ын-ё?

B: По всокресеньям мы всегда отдыхаем. А в красные дни иногда работаем, а иногда отдыхаем. Но если вы хотите отдыхать, то нужно заранее говорить.

우리 공장은 일요일에는 항상 쉽니다. 하지만 빨간색 날에는 일할 때도 있고 쉴 때도 있습니다. 쉬고 싶으면 미리 말해야 합니다.

У-ри кон-дян-ын ир-ё-ир-е-нын хан-сан щии-ни-да. Ха-ди-ман паль-ган-сек нар-е-нын иль-халь-те-до икк-ко щиль те-до исс-сым-ни-да. Щи-го щи-пхы-мён ми-ри маль-хе-я хам-ни-да.

A: Хорошо, спасибо.

알겠습니다, 고맙습니다.

Аль-гесс-сым-ни-да, ко-маб-сым-ни-да.

---

- на заводе: 공장에서 кон-дян-э-со
- есть: 있습니다 исс-сым-ни-да
- каждый день: 매일 ме-иль
- в выходные дни: 휴일에 хю-ир-е
- обычно: 보통 по-тхон
- заранее: 미리 ми-ри

# Выходные 쉬는날

**А:** Директор! Скажите, пожалуйста, в какие дни у нас выходные?

사장님! 우리 공장에서는 무슨 요일에 쉬나요?

Са-дян-ним! У-ри кон-дян-э-со-нын му-сын ё-ир-е щи-на-ё?

**В:** Выходные обычно по субботам и воскресеньям, но бывает когда и в субботу рабочий день.

보통 토요일과 일요일에 쉬지만 토요일은 일하곤 합니다.

По-тхон тхо-ё-иль-гва ир-ё-ир-е щи-ди-ман тхо-ё-ир-ын иль-ха-гон хам-ни-да.

**А:** А выходные оплачиваются?

쉬는 날도 임금을 받나요?

Щи-нын наль-до им-гым-ыль пан-наё?

**В:** Если вы не пропускаете с понедельника по пятницу, то воскресенье оплачитвается.

월요일부터 금요일까지 빠지지 않는다면 일요일도 임금을 받게 됩니다.

Воль-ё-иль-пу-тхо кым-ё-иль-ка-ди па-ди-ди а-нын-да-мён иль-ё-иль-до им-гым-ыль пад-ке твем-ни-да.

**А:** А если работать в выходные дни, сколько будет оплата? И как на счёт красных дней в календаре?

쉬는 날에 일하게 되면 임금은 어떻게 되나요? 빨간색 날에는 임금이 어떻게 되나요?

Паль-ган-сек нар-е-нын им-гым-и о-тто-ке тве-на-ё? Щи-нын нар-е иль-ха-ге тве-мён им-гым-ын отто-ке тве-на-ё?

B : Оплата будет 200%, идёт как переработка.

초과 근무로 200퍼센트 받게 됩니다.

Чо-гва кын-му-ро и-бек-пхо-сен-тхы пад-ке твем-ни-да.

A : А когда у нас отпуск?

휴가는 언제 있나요?  Хю-га-нын он-де ин-на-ё?

B : Отпуск обычно в конце июля или в начале августа.

휴가는 보통 7월 말이나 8월 초에 있습니다.

Хю-га-нын по-тхон чиль-воль-мар-и-ны пхаль-воль-чхо-е
исс-сым-ни-да.

A : Сколько длиться отпуск?

휴가는 며칠인가요?  Хю-га-нын мё-чир-ин-га-ё?

B : Обычно от пяти до семи дней.

휴가는 보통 5일에서 7일입니다.

Хю-га-нын по-тхон о-ир-есо чиль-ир-им-ни-да.

A : И оплачивается ли он?

그리고 휴가 때도 임금을 받나요?

Кы-ри-го хю-га те-до им-гым-ыль пан-на-ё?

B : Оплачитвается, но не везде, мы платим, конечно.

임금을 받지만 어디서나 그런 것은 아닙니다. 우리는 물론 임금을
지불합니다.

Им-гым-ыль пад-чи-ман о-ды-со-на кы-рон гос-ын а-ним-
ни-да. У-ри-нын муллон им-гым-ыль чи-буль-хам-ни-да.

A : А по красным дням мы работаем?

빨간색 날에 일을 하나요?

Паль-ган сег нар-е ир-ыль ха-на-ё?

**В:** Если будет будний день, то работаем и оплата идёт как за переработку.

만약에 평일이라면 초과임금으로 계산됩니다.

Ман-яг-е пхён-ир-и-ра-мён чо-гва-им-гым-ы-ро ке-сан-твем-ни-да.

**А:** Хорошо, спасибо.

알겠습니다, 고맙습니다.

Аль-гесс-сым-ни-да, ко-мап-сым-ни-да.

**В:** Пожалуйста.

천만에요. Чон-ман-э-ё.

---

- директор : 사장님 са-дян-ним
- в какие дни : 무슨 요일에 му-сын ё-ир-е
- по субботам : 토요일에 тхо-ё-ир-е
- по воскресеньям : 일요일에 ир-ё-ир-е
- с понедельника : 월요일부터 воль-ё-иль-пу-тхо
- по пятницу : 금요일까지 кым-ё-иль-ка-ди

- оплата : 임금 им-гым
- как переработка : 초과 근무로 чо-гва кын-му-ро
- отпуск : 휴가 хю-га
- в конце июля : 7월 말에 чиль-воль мар-е
- в начале августа : 8월 초에 пхаль-воль чхо-е
- по красным дням : 빨간색 날에 паль-ган-сег нар-е

# Увольнение 퇴직

A: **Здравствуйте!**

안녕하세요?  Ан-нён-ха-се-ё?

B: **Добрый день!**

좋은 날입니다!  Чо-ын нар-им-ни-да!

A: **Я бы хотел узнать о 13-ой зарплате.**

열세 번째 달 월급인 퇴직금에 대해 알고 싶습니다.

Ёль се бон-те таль воль-гыб-ин тве-диг-кым-е те-хе аль-го щип-сым-ни-да.

B: **Что именно вас интересует?**

정확하게 뭘 알고 싶으세요?

Чо-хвак-ха-ге моль аль-го щип-ы-се-ё?

A: **Если я отработаю у вас 12 месяцев, то через какое время я могу получить 13-ую зарплату?**

제가 사장님 공장에서 열두 달 동안 일하게 되면 퇴직금을 언제 받을 수 있나요?

Че-га са-дян-ним кон-дян-э-со ёль-ту даль тон-ан иль-ха-ге тве-мён тве-чик-кым-ыль он-де пад-ыль-су ин-на-ё?

B: **Обычно 13-ую зарплату выдают через месяц, мы можем отправить вам на банковский счёт.**

보통 퇴직금은 한 달 후에 받게 됩니다. 그러면 은행통장으로 보내드릴 수 있습니다.

По-тхон тве-дик-кым-ын хан даль ху-э пад-ке твем-ни-да. Кы-ро-мён ын-хен-тхон-дян-ы-ро по-не-ты-риль су исс-сым-ни-да.

A : А если я уеду домой, что мне тогда делать?

만약에 제가 집으로 돌아가게 된다면, 어떻게 해야 하나요?

Ман-яг-е че-га чиб-ы-ро тор-а-ка-ге твен-да-мён, о-тто-ке хе-я ха-на-ё?

B : В таком случае, оставьте свою банковскую книжку другу или родственнику.

그때는 은행통장을 친구나 친척에게 맡겨두세요.

Кы-те-нын ын-хен-тхон-дян-ыль чин-гу-на чин-чог-е-ге ма-кхё-ту-се-ё.

A : Хорошо, спасибо за информацию. Я так и сделаю.

알겠습니다, 정보 주셔서 고맙습니다. 그렇게 하도록 하겠습니다.

Аль-кесс-сым-ни-да, чон-бо чу-щё-со ко-маб-сым-ни-да. Кы-ро-ке ха-до-рог ха-гесс-сым-ни-да.

---

- Здравствуйте!: 안녕하세요! Ан-нён-ха-се-ё!
- Добрый день!: 좋은 날입니다! Чо-ын нар-им-ни-да!
- 13-ая зарплата: 열세 번째 달 월급, 퇴직금 тве-диг-кым
- через месяц: 한 달 후에 хан даль ху-э

- на банковский счёт: 은행통장으로 ын-хен-тхон-дян-ы-ро
- банковскую книжку: 은행통장을 ын-хен-тхон-дян-ыль
- другу: 친구에게 чин-гу-е-ге

# 6                                  Образование

교육

## Детский сад 어린이집

**На улице** 거리에서

A: **Здравствуйте!**

안녕하세요!  Ан-нён-ха-се-ё!

B: **Добрый день!**

좋은 날입니다!  Чо-ын нар-им-ни-да!

A: **Скажите, пожалуйста, как мне дойти до детского сада?**

어린이집에 어떻게 가야 하나요?

О-рин-е-чиб-е о-тто-ке ка-я ха-на-ё?

B: **Вам нужно дойти до корейского центра. Детский сад находится на первом этаже.**

고려인센터까지 가세요. 어린이집은 1층에 있습니다.

Ко-рё-ин-сен-тхо-ка-ди ка-се-ё. О-рин-и-чиб-ын иль-чин-е исс-сым-ни-да.

A: **Спасибо.**

고맙습니다.  Ко-маб-сым-ни-да.

В детском доме 어린이집에서

A: **Здравствуйте!**
안녕하세요? Ан-нён-ха-се-ё!

B: **Доброе утро!**
좋은 아침입니다. Чо-ын а-чим-им-ни-да.

A: **Вы принимаете детей в садик?**
유치원에 아이들을 받나요?
Ю-чи-вон-э а-и-дыр-ыль пан-наё?

B: **Да, мы принимаем детей от 2 (двух) до 7 (семи) лет.**
예, 2세에서 7세 이전의 아이들을 받습니다.
Е, и-се-э-со чиль-се и-дён-ы а-и-дыр-ыль пад-сым-ни-да.

A: **Какие у вас условия?**
어떤 조건인가요? О-ттон чо-гон-ин-га-ё?

B: **Рабочий режим с 7 (семи) утра до 7 (семи) вечера. У нас есть завтрак, обед, полдник и ужин.**
운영 시간은 아침 7시부터 저녁 7시까지입니다. 아침, 점심, 간식, 저녁을 줍니다.
Ун-ён щи-ган-ын а-чим иль-гоб-щи-пу-тхо чо-нёг иль-гоб-щи-ка-ди-им-ни-да. А-чим, чом-щим, кан-щиг, чо-нёг-ыль чум-ни-да.

A: **Спасибо за информацию. Когда мы можем начать водить ребёнка?**
알려주셔서 고맙습니다. 언제 아이를 데려올 수 있나요?
Ал-лё-чу-щё-со ко-маб-сым-ни-да. Он-де а-и-рыль те-рё-оль су ин-на-ё?

B: Сразу после оплаты можете приходить.

납부한 후에 바로 올 수 있습니다.

Нап-пу-хан ху-э па-ро оль су исс-сым-ни-да.

A: Хорошо, спасибо.

알겠습니다, 고맙습니다.

Аль-ге-сым-ни-да, ко-мап-сым-ни-да.

B: До свидания.

안녕히 가세요.  Ан-нён-хи ка-се-ё.

- как мне дойти: 어떻게 가야 하나요
  о-тто-ке ка-я ха-на-ё
- детский сад: 어린이집 о-рин-е-чиб
- корейский центр: 고려인센터 ко-
  рё-ин-сен-тхо
- на первом этаже: 1층에 иль-чин-е
- какие условия: 어떤 조건인가요
  о-ттон чо-гон-ин-га-ё
- рабочий режим: 운영 시간 ун-ён
  щи-ган
- завтрак: 아침 а-чим
- обед: 점심 чом-щим
- полдник: 간식 кан-щиг
- ужин: 저녁 чо-нёг
- сразу: 바로 па-ро
- оплата: 납부 нап-пу
- до свидания: 안녕히 가세요 ан-нён-
  хи ка-се-ё

# Школа 초등학교

**A:** Добрый день!

안녕하세요? Ан-нён-ха-се-ё!

**B:** Здравствуйте! Я хотела бы отдать ребёнка в Вашу школу.

안녕하세요! 아이를 이 학교에 넣고 싶은데요.

Ан-нён-ха-се-ё! А-и-рыль и хак-кё-э но-ко щип-ын-дее.

**A:** Нам нужны документы родителей и ребёнка.

부모와 아이의 서류가 필요합니다.

Пу-мо-ва а-и-ы со-рю-га пхирё-хам-ни-да.

**B:** Хорошо, какие документы нам нужно принести?

알겠습니다. 어떤 서류를 가져와야 하나요?

Аль-гесс-сым-ни-да. О-ттон со-рю-рыль ка-дё-ва-я ха-на-ё.

**A:** Паспорт, айди карту.

여권과 신분증입니다.  Ёк-вон-гва щин-бун-чин-им-ни-да.

**B:** Понятно. А когда начинается учёба?

알겠습니다. 그런데 수업은 언제 시작되나요?

Аль-гесс-сым-ни-да. Кы-рон-де су-об-ын он-де щи-дяг-тве-на-ё?

**A:** Учёба начинается с первого марта. Если вам что-то ещё будет нужно, пожалуйста, позвоните нам.

학기는 3월 1일부터 시작됩니다. 만약에 무언가 더 필요하다면, 우리에게 전화해주세요.

Хак-ки-нын сам-воль ир-иль-пу-тхо щи-дяг-твем-ни-да. Ман-яг-е му-он-га то пхир-ё-ха-да-мён, у-ри-э-ге чон-хва-хе-чу-се-ё.

**В :** Да, мы вам позвоним или отправим сообщение. Спасибо, до свидания.

예, 전화 드리거나 문자를 보내겠습니다. 고맙습니다, 안녕히 계세요.

Е, чон-хва ты-ри-го-на мун-тя-рыль по-нэ-гесс-сым-ни-да. Ко-мап-сым-ни-да, ан-нён-хи ке-се-ё.

- документы родителей : 부모의 서류 пу-мо-ы со-рю
- документы ребёнка : 아이의 서류 а-и-ы со-рю
- паспорт : 여권 ёк-вон
- айди карта : 신분증 щин-бун-чин
- понятно : 알겠습니다 аль-гесс-сым-ни-да
- учёба : 수업 су-об
- с первого марта : 3월 1일부터 сам-воль ир-иль-пу-тхо
- сообщение : 문자 мун-тя

# Спорт 운동

A: **Добрый день!**

좋은 날입니다!  Чо-ын нар-им-ни-да!

B: **Добрый!**

좋은 날입니다!  Чо-ын нар-им-ни-да!

A: **Я хочу заняться спортом, или пойти в тренажёрный зал. Знаете, где есть и цену?**

운동을 하거나 피트니스클럽에 가고 싶은데, 어디에 있는지 가격은 어떻게 되는지 아세요?

Ун-дон-ыль ха-го-на пхи-тхы-ны-сы-кхыл-лоб-э ка-го щип-ын-дэ. О-ды-э инн-нын-ди ка-гёг-ын о-тто-ке тве-нын-ди а-се-ё?

B: **Да, я знаю, где есть тренажёрный зал. А каким именно спортом ты бы хотел заняться?**

예, 피트니스클럽이 어디에 있는지 알아요. 그런데 정확히 어떤 운동을 하고 싶으세요?

Е, пхи-тхы-ны-кхыл-лоб-и о-ды-е инн-нын-ди ар-а-ё. Кы-рон-де чон-хак-хи о-ттон ун-дон-ыль ха-го-щип-ы-се-ё?

A: **Ну танцами или настольным теннисом.**

춤이나 탁구를 하고 싶어요.

Чум-и-на тхак-ку-рыль хаго щипхо-ё.

B: **Танцы преподают на втором этаже напротив банка «Нонхёб», а настольный теннис дальше, в сторону Лоттеррии.**

춤은 농협은행 맞은편 2층에서 가르쳐주고, 탁구는 더 멀리 롯데리아 쪽으로 가야 해요.

Чум-ын Нон-хёб-ын-хен мадин-пхен и-чын-э-со ка-ры-чё-чу-го, тхак-ку-нын то мол-ли Рот-те-ри-а тё-гы-ро ка-я хе-ё.

**A:** **Спасибо, а где находится тренажерный зал?**

고맙습니다. 그런데 피트니스클럽은 어디에 있나요?

Ко-мап-сым-ни-да. Кы-рон-дэ пхи-тхы-ни-сы-кхыл-лоб-ын о-ды-э ин-на-ё?

**B:** **Один из них находится возле полицейского участка, а второй в сторону Хом Плюса. Я могу вам показать дорогу, когда у вас будет время.**

하나는 경찰서 옆에 있고, 또 하나는 홈플러스 쪽에 있어요.
시간이 될 때 길을 가르쳐줄게요.

Пхитхы-ни-сы-кхыл-лоб чун ха-на-нын кён-чаль-со ёп-хе икк-ко, то ха-на-нын Хом-пыл-лос тё-ге ис-со-ё. Щи-ган-и твель те ка-ры-чол-пад-ке-ё.

**A:** **Хорошо, спасибо. Когда я соберусь, то позвоню вам.**

알겠습니다, 고맙습니다. 준비되면 전화할게요.

Аль-гесс-сым-ни-да, ко-маб-сым-ни-да. Чун-би-тве-мён чон-хва-халь-ке-ё.

---

- заняться спортом : 운동을 하다 ун-дон-ыль ха-да
- тренажёрный зал : 피트니스클럽 пхи-тхы-ны-сы-кхыл-лоб
- танец : 춤 чум
- настольный теннис : 탁구 тхак-ку
- на втором этаже : 2층에서 и-чын-э-со

- банк : 은행 ын-хен
- возле : 옆에 ёп-хе
- полицейский участок : 경찰서 кён-чаль-со
- позвоню : 전화할게요 чон-хва-халь-ке-ё

III. 고려인을 위한 한국어

# Курсы корейского языка 한국어교실

**A:** Извините, могу ли я узнать где есть языковые курсы?

실례합니다만, 어디에서 어학강습이 있는지를 알 수 있나요?

Щил-ле-хам-ни-да-ман, о-ды-э-со о-хак-кан-сыб-и и-нын-ди-рыль аль су ин-на-ё?

**B:** Да, конечно. Вы можете узнать в газете или посетить сайт.

예, 물론입니다. 신문에서 알아보거나 사이트를 방문하면 됩니다.

Е, мул-лон-им-ни-да. Щин-мун-э-со ар-а-бо-го-на са-и-тхы-рыль пан-мун-ха-мён твем-ни-да.

**A:** А где я смогу узнать сайт?

그런데 어디에서 사이트를 알아볼 수 있나요?

Кы-рон-дэ о-ды-э-ссо са-и-тхы-рыль ар-а-боль су ин-на-ё?

**B:** Я вам напишу на листке.

종이에 써드릴게요.  Чон-и-э ссо-ты-риль-ке-ё.

**A:** Спасибо. А где я могу взять газету?

고맙습니다. 신문은 어디에서 볼 수 있나요?

Ко-мап-сым-ни-да. Щин-мун-ын о-ды-э-со поль су ин-на-ё?

**B:** Каждое утро на остановке привозят газеты, можете взять там.

아침마다 정류장에 신문을 가져다두니 거기에서 가져가면 돼요.

А-чим-мада чон-ню-дян-э щин-мун-ыль ка-дё-да-ду-ни ко-ки-е-со ка-дё-ка-мён твё.

A : Спасибо. А скажите, где я могу узнать расписание уроков корейского языка?

고맙습니다. 그런데 한국어수업 시간표를 어디에서 알 수 있나요?

Ко-маб-сым-ни-да. Кы-рон-дэ хан-гуг-су-об щи-ган-пхё-рыль о-ды-э-со аль су ин-на-ё?

B : Вы можете пойти в корейский центр и узнать там.

고려인센터로 가면 그곳에서 알 수 있어요.

Ко-рё-ин-сен-тхо-ро ка-мён кы-гос-э-со аль су и-ссо-ё.

---

- языковые курсы : 어학강습 о-хак-кан-сыб
- конечно : 물론입니다 мул-лон-им-ни-да
- в газете : 신문에서 щин-мун-э-со
- на листке : 종이에 чн-и-э

- каждое утро : 아침마다 а-чим-мада
- на остановке : 정류장에 чон-ню-дян-э
- расписание : 시간표 щи-ган-пхё
- уроков корейского языка : 한국어수업 хан-гуг-су-об

                         **Официальная жизнь**

공공업무

## Имиграционный офис 출입국관리사무소

**A :** Здравствуйте! Я хочу получить айди карту, что мне для этого нужно?

안녕하세요? 신분증을 만들고 싶은데 뭐가 필요한가요?

Ан-нён-ха-се-ё? Щин-бун-чин-ыль ман-дыль-го щипх-ын-дэ мо-га пхир-ё-хан-га-ё?

**B :** Добрый день! А какая у вас виза?

안녕하세요? 어떤 비자를 가지고 계세요?

Ан-нён-ха-се-ё? О-ттон би-дя-рыль ка-ди-го ке-се-ё?

**A :** У меня виза Ф-4.

저는 에프포(F-4) 비자입니다.

Чо-нын э-пхы-пхо би-дя-им-ни-да.

**B :** Тогда вам нужна справка с больницы, паспорт, контракт о проживании в квартире и четыре фотографии.

그렇다면 병원진단서, 여권, 월세계약서, 사진 4장이 필요합니다.

Кы-ро-тха-мён пён-вон-ди-дан-со, ёк-вон, воль-се-ке-як-со, са-дин нэ-дян-и пхир-ё-хам-ни-да.

**A :** А через какое время будет готово?

얼마나 걸리나요? Оль-ма-на кол-ли-ны-ё?

B: Через десять или четырнадцать дней.

10일에서 14일 정도 걸립니다.

Щиб-ир-э-со щию-са-иль чон-до кол-либ-ни-да.

A: Если виза H-2, какие нужны документы для получения айди карты?

만약에 에이치투(H-2) 비자라면 신분증을 받기 위해서

어떤 서류들이 필요한가요?

Ман-яг-е э-и-чи-тху би-дя-ра-мён щин-бун-тин-ыль пад-ки ви-хе-со оттон со-рю-дыр-и пхир-ё-хан-га-ё?

B: Всё то же самое, только ещё нужна справка с больницы о состоянии здоровья и сертификат о трёх часовом обучении.

다른 건 다 같고, 다만 병원에서 받은 건강진단서와 3시간

교육증명서가 필요해요.

Та-рын гон та кат-ко, та-ман пён-вон-э-со пад-ын кон-ган-чин-дан-со-ва се-щи-ган кё-юг-кын-мён-со-ка пхир-ё-хе-ё.

A: Спасибо.

고맙습니다.  Ко-мап-сым-ни-да.

---

- я хочу сделать : 만들고 싶은데 ман-дыль-го щипх-ын-дэ
- айди карта : 신분증 щин-бун-чин
- какая виза : 어떤 비자 о-ттон би-дя
- справка с больницы : 병원진단서 пён-вон-ди-дан-со
- паспорт : 여권 ёк-вон
- контракт о квартире : 월세계약서 воль-се-ке-як-со
- четыре фотографии : 사진 4장 са-дин нэ-дян
- справка : 진단서 чин-дан-со
- другая больница : 다른 병원 та-рын пён-вон
- трёх часовое обучение : 3시간 교육 се-щи-ган кё-юг

# Районный комитет 동사무소

**A:** Доброе утро!

좋은 아침입니다!  Чо-ын а-чим-им-ни-да!

**B:** Здравствуйте!

안녕하세요!  Ан-нён-ха-се-ё!

**A:** Я бы хотела поменять адрес на айди карте.

저는 신분증 주소를 바꾸고 싶습니다.

Чо-нын щин-бун-чин чу-со-рыль па-кку-го щип-сым-ни-да.

**B:** Заполните, пожалуйста, бланк. Образец можете посмортеть на том же столе.

이 양식을 기록하세요. 견본은 바로 저 책상 위에서 볼 수 있어요.

И ян-щиг-ыль ки-рок-ха-се-ё. Кён-бон-ын па-ро чо чек-сан ви-э-со поль су и-ссо-ё.

**A:** Хорошо. Всё я заполнила.

알겠습니다. 다 기입했습니다.

Аль-гесс-ым-ни-да. Та-ки-иб-хесс-ым-ни-да.

**B:** У вас есть контракт на проживание в квартире?

월세계약서 가지고 계세요?

Воль-се-ке-як-со ка-ди-го ке-се-ё?

**A:** Да, вот!

예, 여기 있습니다!  Е, ёги исс-сым-ни-да!

**B:** Всё готово, возьмите, пожалуйста.

다 되었습니다, 가져가세요.

Да тве-осс-сым-ни-да, ка-дё-ка-се-ё.

A : Спасибо. А могу ли я получить документы в школу?

고맙습니다. 초등학교 서류를 받을 수 있을까요?

Ко-мап-сым-ни-да. Чо-дын-хак-кё со-рю-рыль пад-ыль су иссыль-кка-ё?

B : А в какую школу вам нужны документы?

어떤 학교 서류가 필요하세요?

О-ттон хак-кё сорю-га пхи-рё-ха-се-ё?

A : Мы хотим отдать ребёнка в корейскую школу.

아이를 한국학교에 보내고 싶습니다.

А-и-рыль хан-гуг-хак-кё-э по-не-го щип-сым-ни-да.

B : Вам нужна справка со старой школы и айди карта.

이전 학교 증명서와 신분증이 필요합니다.

И-чон хак-кё чын-мён-со-ва щин-бун-чин-и пхир-ё-хам-ни-да.

A : Спасибо. До сколько вы работаете?

고맙습니다. 몇 시까지 일하시나요?

Ко-мап-сым-ни-да. Мёт щи-ка-ди иль-ха-щи-на-ё?

B : Мы работаем до 18:00.

오후 6시까지 일합니다.

О-ху ё-сод-щи-кка-ди иль-хам-ни-да.

A : Хорошо. Тогда завтра мы придём до обеда.

알겠습니다. 그러면 내일 오전에 오겠습니다.

Аль-гесс-сым-ни-да. Кы-ро-мён нэ-иль о-дён-э о-гесс-сым-ни-да.

B : До свидания!

안녕히 가세요! Ан-нён-хи ка-се-ё!

A: До завтра.

내일 뵙겠습니다.  Нэ-иль пеп-гесс-сым-ни-да.

- я : 저는 чо-нын
- бы хотела : 싶습니다 щип-сым-ни-да
- поменять : 바꾸다 па-кку-да
- адрес на айди карте : 신분증 주소 щин-бун-чин чу-со
- заполните, пожалуйста : 기록하세요 ки-рок-ха-се-ё
- бланк : 양식 ян-щиг
- образец : 견본 кён-бон
- на том столе : 저 책상 위에서 чо чек-сан ви-э-со
- контракт квартиры : 월세계약서 воль-се-ке-як-со
- документы в школу : 초등학교 서류 чо-дын-хак-кё со-рю

- корейская школа : 한국학교 хан-гуг-хак-кё
- справка : 증명서 чын-мён-со
- со старой школы : 이전 학교 и-чон хак-кё
- айди карта : 신분증 щин-бун-чин
- до скольки : 몇 시까지 мёт щи-ка-ди
- до 18 : 00 : 오후 6시까지 о-ху ё-доль-щи-кка-ди
- завтра : 내일 нэ-иль
- до обеда : 오전에 о-дён-э
- до завтра : 내일 뵙겠습니다 нэ-иль пеп-гесс-сым-ни-да

# Корейский центр 고려인센터

На улице 거리에서

A : **Здравствуйте!**

안녕하세요? Ан-нён-ха-се-ё!

B : **Добрый день!**

좋은 날입니다! Чо-ын нар-им-ни-да!

A : **Подскажите, пожалуйста, на каком этаже находится корейский центр?**

고려인센터가 어디에 있는지 말씀 좀 해주세요?

Ко-рё-ин-сен-тхо-га о-ды-э инн-ын-ди маль-сым чом хе-чу-се-ё.

B : **На втором этаже.**

2층에 있습니다. И-чин-э исс-сым-ни-да.

В центре 센터에서

A : **Простите, подскажите, пожалуйста, где мне найти Зою Михайловну?**

실례합니다만, 신조야 (조야 미하일로브나) 센터장님을 만날 수 있나요?

Щил-ле-хам-ни-да, Шин Зоя Михайловна сен-то-дян-ним-ыль ман-наль су ин-на-ё?

B : **Она должна быть на втором этаже.**

신조야 센터장님은 2층에 있어요.

Шин Зоя сен-то-дян-ним-ын и-чын-э и-ссо-ё.

A: К сожалению, её там нет.

유감스럽게도 그곳에 안 계시네요.

Ю-гам-сы-роп-ке-до кы-гос-э ан-ке-щин-е-ё.

B: Тогда позвоните ей. Или можете подождать здесь.

그러면 전화해보세요. 아니면 여기에서 잠시 기다리셔도 됩니다.

Кы-ро-мён чон-хва-хе-по-се-ё. А-ни-мён ё-ги-э-со чам-щи ки-да-ри-щё-до твем-ни-да.

A: У меня нет телефона. Могу ли я позвонить от вашего телефона?

제가 전화기가 없는데. 전화 좀 빌려주실 수 있으세요?

Че-га чон-хва-ги-га об-нын-дэ, Чон-хва чом пил-лё-чу-щиль су исс-ы-се-ё?

B: Да, конечно! Вот, возьмите.

예, 물론입니다! 자, 쓰세요.

Е, мул-лон-им-ни-да! Ча, сы-сэ-ё.

A: Большое спасибо. Она сказала, что скоро приедет, могу я подождать её у вас?

정말 고맙습니다. 곧 오신다는데 제가 여기에서 잠시 기다려도 될까요?

Чон-маль ко-мап-сым-ни-да. Код о-щин-да-нын-дэ че-га ё-ги-э-со чам-щи ки-да-рё-до твель-кка-ё?

B: Конечно. Вы можете подождать здесь.

물론입니다. 여기에서 기다리셔도 됩니다.

Мул-лон-им-ни-да. Ё-ги-э-со ки-да-ри-щё-до твем-ни-да.

A: Спасибо. А вы можете подготовить документы в школу или в садик для наших детей?

고맙습니다. 서류를 만들고 아이를 학교나 어린이집에 보낼 수 있나요?

Ко·мап·сым·ни·да. Со·рю·рыль ман·дыль·го а·и·рыль хак·кё·на о·рин·и·чиб·е по·нель·су ин·на·ё?

B: **Да, конечно.**

예, 물론입니다. Е, мул·лон·им·ни·да.

A: **Спасибо.**

고맙습니다. Ко·маб·сым·ни·да.

---

- корейский центр : 고려인센터 ко·рё·ин·сен·тхо
- на втором этаже : 2층에 и·чин·э
- сделать документы : 서류를 만들다 со·рю·рыль ман·дыль·да
- отправить : 보내다 по·не·да
- школа : 학교 хак·кё
- садик : 어린이집 о·рин·и·чиб
- второй этаж : 2층 и·чын
- спасибо : 고맙습니다 ко·маб·сым·ни·да
- тогда : 그러면 кы·ро·мён
- позвоните : 전화해보세요 чон·хва·хе·по·се·ё
- здесь : 여기에서 ё·ги·э·со
- телефон : 전화기 чон·хва·ги
- конечно : 물론입니다 мул·лон·им·ни·да
- спасибо : 고맙습니다 ко·мап·сым·ни·да